DE CAMPESINO A ASTRONAUTA

MI VIAJE A LAS ESTRELLAS

JOSÉ M. HERNÁNDEZ

TRADUCCIÓN DE DARÍO ZÁRATE FIGUEROA

PIÑATA BOOKS
ARTE PÚBLICO PRESS
HOUSTON, TEXAS

¡Piñata Books están llenos de sorpresas!

Piñata Books
An imprint of
Arte Público Press
University of Houston
4902 Gulf Fwy, Bldg 19, Rm 100
Houston, Texas 77204-2004

Diseño de la portada de Mora Des!gn
(Asistencia de Christopher Travis Miller)

Este libro utiliza imágenes y definiciones de la Administración Nacional para la Aeronáutica y el Espacio (NASA) con un propósito educativo y la ilustración en las páginas 84 (versión inglés) y 87 (versión español) de la Estación espacial internacional (http://www.supercoloring.com/ coloring-pages/iss-international-space-station) se encuentra bajo licencia pública (Creative Commons BY-SA 4.0), agradecemos su apoyo.

Names: Hernández, José M., 1962- author. I Hernández, José M., 1962- From Farmworker to astronaut. I Hernández, José M., 1962- From Farmworker to astronaut. Spanish.
Title: From farmworker to astronaut : my path to the stars = De campesino a astronauta : mi viaje a las estrellas / José M. Hernández. Other titles: De campesino a astronauta
Description: Houston : Arte Público Press, 2019. I Audience: Ages 10-15 I Audience: Grades 7-9 I English and Spanish. I Summary: "Ten-year-old José M. Hernández watched the Apollo 17 moonwalks on his family's black and white television in 1972 and knew what he wanted to be when he grew up: an astronaut. Later that night he told his father and was surprised when his dad said, "You can do this, m'ijo!" Mr. Hernández told his son that if he really wanted to become an astronaut, he would need to follow a simple, five-ingredient recipe to succeed: 1) decide what you want, 2) recognize how far you are from your goal, 3) draw a road map to get there, 4) prepare yourself with a good education and 5) develop a good work ethic, always giving more than required. In the years to come, José would follow this recipe as he obtained undergraduate and master's degrees in electrical engineering. Adding his own ingredient, perseverance, he applied to NASA's astronaut program eleven times-and was rejected each time! Finally, in 2004, he was selected to be part of the 19th class of US Astronauts. He achieved his dream in 2009 when he served as the flight engineer on the Space Shuttle Discovery on the STS-128 fourteen-day mission to the International Space Station. In From Farmworker to Astronaut, José M. Hernández recollects his parallel journeys, juxtaposing memories of his mission to the space station and childhood aspirations to reach the stars. His story is sure to motivate kids to set goals and reach for their own dreams'—Provided by publisher.
Identifiers: LCCN 2019028873 (print) I LCCN 2019028874 (ebook) I ISBN 9781558858688 (paperback) I ISBN 9781518505430 (ePub) I ISBN 9781518505447 (Kindle edition) I ISBN 9781518505454 (Adobe PDF)
Subjects: LCSH: Hernández, José M., 1962—Juvenile literature. I Astronauts—United States—Biography—Juvenile literature. I Hispanic American astronauts—Biography—Juvenile literature. I Migrant agricultural laborers—California—Biography—Juvenile literature.
Classification: LCC TL789.85.H469 A3 2019b (print) I LCC TL789.85.H469 (ebook) I DDC 629.450092 [B]—dc23
LC record available at https://lccn.loc.gov/2019028873
LC ebook record available at https://lccn.loc.gov/2019028874

♾ El papel utilizado en esta publicación cumple con los requisitos del American National Standard for Information Sciences—Permanence of Paper for Printed Library Materials, ANSI Z39.48-1984.

De campesino a astronauta: Mi viaje a las estrellas
© 2019 Darío Zárate Figueroa

Impreso en los Estados Unidos de América
octubre 2023–diciembre 2023
Versa Press, Inc., East Peoria, IL
5 4 3

Este libro está dedicado a todos aquellos que se atreven a soñar en grande y quieren cumplir su sueño. Lo escribí con la esperanza de que ayude a los lectores a alcanzar sus propias estrellas.

Contenido

Agradecimientos

En la vida, muy raras veces se cumplen metas valiosas sin ayuda. Ciertamente tuve mucha ayuda y aliento para buscar las estrellas en mi camino a convertirme en astronauta. Me gustaría comenzar por dedicar este libro a los héroes no reconocidos de Estados Unidos, nuestros profesores. Espero que recuerden mi historia cuando duden que sus esfuerzos marquen una diferencia, pues de no haber sido por mi profesora de segundo grado, la señorita Young, que convenció a mi padre de echar raíces aquí en Stockton, California, no creo que hubiera alcanzado mi meta de volverme astronauta. Del mismo modo agradezco a mis profesores de secundaria y preparatoria, el señor Dave Ellis, la señorita Silvia Bello y el señor Salvador Zendejas, que fueron más allá del deber en su labor de enseñanza; a mi profesor de física en mis estudios de grado en la Universidad del Pacífico, el doctor Andrés Rodríguez, quien me enseñó a confiar en mí mismo y siempre me aconsejó que no me pusiera nervioso. Agradezco a mis hermanos mayores, Sal, Lety y Gil, que siempre me instruyeron y orientaron en la escuela; a mi madre, por su estilo de crianza cariñoso y firme, que nos mantuvo en el buen camino académico. Siempre mantuvo unida a la familia, sin importar las crisis que enfrentáramos; y créanme, enfrentamos muchas. También quisiera agradecer a mi amada esposa, Adelita, por creer en mí y no permitirme abandonar mi sueño; a mis hijos Julio, Karina, Vanessa, Marisol y Antonio, por hacer que mi trabajo de padre parezca fácil; a mi jefe y mentor en el Laboratorio Nacional Lawrence Livermore, Clint Logan, que no sólo me enseñó a ser buen ingeniero y administrador, sino también a ser un líder eficiente. A mi hija Marisol por sus sagaces consejos y ediciones a este libro y, finalmente, a Pops, cuya receta para el éxito es el centro de esta obra.

Nota del autor

Este libro sigue dos viajes paralelos: del despegue al aterrizaje, en el Centro Espacial Kennedy de la NASA, y de mi niñez a mi vida de aprendizaje como ingeniero, astronauta, padre e hijo. Esto permite al lector experimentar, a través de los ojos de este ingeniero de vuelo, un viaje de catorce días a la Estación Espacial Internacional a bordo del transbordador espacial Discovery, pero también algo que quizá sea más importante: mi camino para convertirme en astronauta. Mi intención es alentar al lector a soñar en grande, como me alentó mi padre cuando, a mis diez años, le compartí mi deseo de ser astronauta; pero también mostrar al lector las herramientas necesarias para convertir ese sueño en realidad. Para esto, comparto cómo utilicé la receta de cinco ingredientes de mi padre, a la cual añado un sexto, y cómo descubrí que una meta se alcanza en tres etapas. Aunque el libro pueda parecer una autobiografía, es una autobiografía incompleta, pues sólo incluyo las partes que son relevantes para la receta y las tres etapas de alcanzar una meta. Mi esperanza es que la receta y las tres etapas sean herramientas que el lector pueda usar para convertir su propio sueño en realidad.

CAPÍTULO 1

Preparándome para el despegue

El despegue estaba programado para el martes 25 de agosto de 2009 a la 1:25 am, a bordo del transbordador espacial Discovery, para lo que sería una misión de trece días a la Estación Espacial Internacional. Por lo general, en una misión de transbordador espacial hay una tripulación de siete astronautas: tres en la cubierta media y cuatro en la cubierta de vuelo (la sección que, en los aviones, llamamos cabina). Los tres astronautas de la cubierta media son básicamente costales de papas durante los primeros ocho minutos y medio de vuelo espacial, porque no tienen ninguna responsabilidad de operación de la nave. Sin embargo, una vez en el espacio tienen el mejor de los trabajos: son quienes suelen realizar las actividades extravehiculares (EVAs, por sus siglas en inglés), mejor conocidas como caminatas espaciales.

Yo era parte de la tripulación de la cubierta de vuelo, y fungía como ingeniero de vuelo, también llamado Especialista Número 2 de la Misión (MS-2). Tuve el mejor asiento tanto en el despegue como en las operaciones de aterrizaje, porque me senté en medio, detrás del comandante y el piloto. Esto me daba una vista panorámica del exterior, y me permitía ver todos los

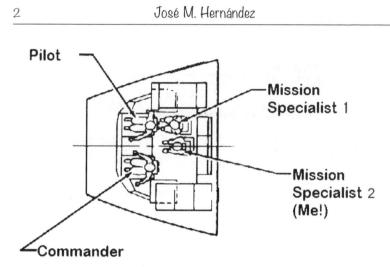

monitores que el comandante y el piloto utilizaban durante el despegue y el aterrizaje. Por supuesto, *todos* estuvimos muy ocupados durante esas operaciones.

En las últimas dos semanas de entrenamiento para nuestra misión estuvimos en cuarentena, un período de aislamiento que evita que los astronautas se enfermen en el espacio. Comenzamos nuestra cuarentena en el cuartel de tripulación del Centro Espacial Johnson en Houston, Texas. Después de nuestras dos semanas de cuarentena en el Centro Espacial Johnson, volamos jets T-38 de la NASA desde el Campo Ellington hacia el Centro Espacial Kennedy, en Florida, donde continuamos nuestra cuarentena.

Antes de aterrizar en Kennedy, hicimos un vuelo de reconocimiento sobre el complejo de la plataforma de lanzamiento, donde pudimos ver al Discovery en su posición vertical de despegue. El transbordador estaba sujeto a un gran tanque externo de color naranja y dos cohetes de combustible sólido, blancos. El tanque naranja estaba formado por dos tanques más pequeños, uno de los cuales contenía 395 mil galones de hidrógeno líquido criogenizado (súper-enfriado), que servía como combustible; el otro contenía más de 146 mil galones de oxígeno líquido súper-enfriado, que servía como oxidante y permitía que el combustible ardiera. En el despegue, estos tanques alimentarían los tres motores principales del transbordador, a una velocidad combinada de 65 mil galones por minuto. El transbordador espacial necesitaría los 37 millones de caballos de fuerza de su motor para despegar y hacer nuestro viaje a la Estación Espacial Internacional.

La estación, como la luna, viaja en una ruta fija alrededor de la Tierra, conocida como órbita. Estos objetos en órbita se llaman satélites. Sin gravedad, un satélite que orbitara la tierra saldría flotando hacia el espacio. Como una pelota de béisbol golpeada por un bat, el satélite tiende a moverse en línea recta, pero la gravedad está siempre atrayéndolo de regreso. Este efecto de la gravedad es la causa de que la estación espacial y la luna recorran una órbita. Nuestra misión no sólo era viajar más allá de la

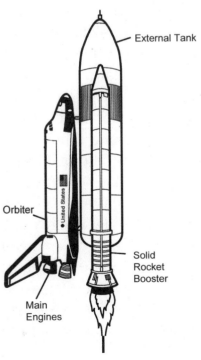

External Tank

Orbiter

United States

Main
Engines

Solid
Rocket
Booster

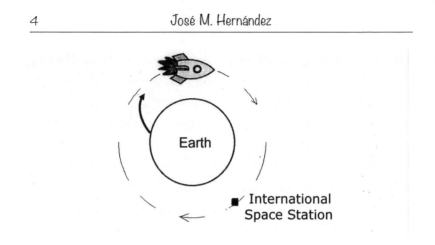

atmósfera terrestre y entrar en órbita, sino navegar hasta la Estación Espacial Internacional y atracar ahí. Fue muy emocionante ver el transbordador en su posición erguida, y completamente equipado con el tanque y los cohetes de combustible sólido. Cada vez que veía la plataforma de lanzamiento y el transbordador, me impresionaba su tamaño. La plataforma tenía un cuarto de milla cuadrada de superficie, y la estructura de acero desde la que sería lanzado el transbordador se elevaba casi doscientos pies. ¡En menos de una semana nos llevaría al espacio! Vi el brazo de acceso que usaríamos para entrar a la nave, y las canastas de egreso de emergencia. Este conjunto de siete canastas está diseñado para proporcionar a la tripulación del vuelo y al equipo de cierre una salida rápida en caso de emergencia.

Desde que un incendio en la cabina mató a tres astronautas antes del despegue durante la misión Apolo 1 en 1967, la NASA se toma muy en serio la seguridad. Habíamos practicado la evacuación en nuestros tres días de ejercicios de entrenamiento de escape de la plataforma. Cuando las canastas eran liberadas, descendían con rapidez por un cable de 1,200 pies desde la plataforma, y nos llevaban a la seguridad de un búnker reforzado.

Mientras estábamos en cuarentena, cualquier persona que quisiera vernos, incluidas nuestras parejas, debía ser revisada por un médico para asegurar que estuviera completamente sana. Durante el período de cuarentena continuamos entrenando para mantener nuestra destreza y confianza.

Aunque la fecha del lanzamiento era el martes 25 de agosto de 2009, sabíamos que casi todo ocurriría el lunes 24, porque el despegue propiamente dicho sería a la 1:36:05 de la madrugada del martes. Por eso, el lunes al despertar posamos emocionados para una foto de lo que pensábamos que sería nuestro "último desayuno antes de ir al espacio". Comimos un desayuno tradicional de huevos revueltos y bistec.

Las actividades del día incluían un reporte del clima: según mis notas, había 20 % de probabilidades de que el clima provocara un retraso del lanzamiento. Mis notas también indicaban que los relámpagos, comunes en Florida en esa época del año, estarían presentes, aunque lo más probable era que no cayeran dentro de un radio de diez millas del complejo de lanzamiento. Todos los sistemas estaban listos. Por lo general, la tripulación entraba al transbordador unas cuatro horas antes del lanzamiento, lo cual significaba que también cenaríamos en nuestro cuartel. Para la cena nos permitieron ordenar lo que quisiéramos: un bistec, una hamburguesa, mariscos . . . lo que fuera, el personal del cuartel lo preparaba para nosotros. La gente del cuartel nos cuidaba muy bien, y la comida que preparaban era excelente. Sé de lo que hablo, porque en ese tiempo mi esposa era dueña de un restaurante mexicano llamado Tierra Luna Grill en Clear Lake City, cerca de la NASA. Antes de esta primera misión, me sentía un poco ansioso. Había oído hablar del "síndrome de adaptación al espacio", comúnmente conocido como enfermedad espacial: una condición que experimenta, en forma leve, la mitad de los viajeros espaciales, y en su forma más severa el diez por ciento de ellos. Ocurre durante el proceso de adaptación a la ingravidez. Está relacionado con el mareo, y los síntomas suelen desaparecer entre dos y cuatro días de estar en el espacio. Como no quería arriesgarme a sufrir ese malestar, ordené una cena ligera: limité mi última comida antes del despegue a una papa horneada y un par de galletas secas.

Después de la cena y unas cuantas reuniones preparatorias más, fui a mi dormitorio en el cuartel para recoger mi bolsa de aterrizaje, la cual contenía mi pasaporte y la ropa de civil que usaría una vez que volviéramos de nuestra misión. El pasaporte era necesario en caso de un aterrizaje de emergencia en uno de los sitios de emergencia designados en Europa y en otros lugares del mundo. Si ocurriera un aterrizaje de ese tipo, el personal de apoyo volaría hasta ahí para darnos nuestros pasaportes, los cuales serían necesarios para salir del país de aterrizaje y reingresar a los Estados Unidos. No pude evitar notar lo vacío que lucía mi dormitorio

ahora que todas mis fotos familiares estaban empaca-
das y listas para ir al espacio conmigo.

Finalmente llegó el momento de ir al vecino Edificio de Operaciones y Registro de Salida, para ponernos los trajes. Éste era el último paso antes de abordar
la Van de Transferencia de Astronautas para hacer el
recorrido de veinte minutos desde Operaciones y Salida hasta la plataforma de lanzamiento. Este vehículo,
también conocido como la Astrovan, es básicamente
una casa rodante Airstream de acero inoxidable, modificada. Los astronautas suplicamos a la NASA que no
reemplazara la Astrovan, porque muchos astronautas
habían recorrido las nueve millas a la plataforma de
lanzamiento en ese mismo vehículo, y queríamos
mantener viva la tradición.

A cada astronauta que viaja al espacio se le permite
llevar un "kit de preferencias personales", en el que
coloca pertenencias que viajarán con él. El contenido
del kit se limita a veinte artículos con un peso total no
mayor de 1.5 libras. Sobra decir que la mayoría de los
astronautas preferirían llevar al espacio más artículos de
los que caben en la bolsa estándar. En la mía apenas
había espacio para un anillo de bodas, un collar de niño
y un reloj.

Por fortuna para mí, antes de ser asignado a esa
misión a la Estación Espacial Internacional, me habían
dado una tarea técnica que involucraba formar parte de
un equipo de cuatro astronautas, conocido como el

"personal de apoyo a astronautas". En este equipo siempre había un miembro que era astronauta activo, como yo. El equipo, también apodado "los Cruzados Enmascarados", viajaba de Houston a Kennedy pocos días antes de cada lanzamiento y pasaba las mañanas y las tardes dentro del transbordador espacial, preparando, probando y calibrando todos los instrumentos relacionados con el vuelo. El día del lanzamiento, el líder de los Cruzados Enmascarados servía como séptimo miembro del equipo de cierre.

Este equipo ayudaba a los astronautas a instalarse en el módulo del transbordador y se encargaba de cualquier necesidad de último minuto que surgiera. Al final, el equipo sellaba la escotilla de acceso una vez que todos los astronautas estuvieran asegurados en sus asientos. El equipo de cierre constaba de dos técnicos de trajes del Centro Espacial Johnson, tres técnicos adicionales de Kennedy, un inspector de calidad de la NASA y el Cruzado Enmascarado en jefe. Pude participar como Cruzado Enmascarado en seis lanzamientos, y en los últimos dos fui el jefe del equipo. Esto me permitió desarrollar una excelente relación con el equipo de cierre.

Debo confesar que de verdad quería llevar artículos extra al espacio conmigo. Estos artículos incluían las fotos de mi familia que tenía en mi dormitorio del cuartel de tripulación, una pequeña bandera de mi equipo de futbol favorito, los Raiders de Oakland, una pequeña bandera mexicana que planeaba entregar al presidente de México y una gorra de los Chargers de San Diego. Esto último era porque los Chargers pertenecían a la familia Spanos, proveniente de mi pueblo natal de

Stockton, California. Hablé con los miembros de mi equipo de cierre sobre los artículos adicionales que quería llevar al espacio. Uno de ellos me pidió que los dejara afuera de mi dormitorio antes del lanzamiento, y dijo, con un guiño del ojo, que esos artículos llegarían convenientemente a la alforja junto a mi asiento, donde estaban guardados todos mis manuales de vuelo.

Tomé mi bolsa de aterrizaje y me dirigí al cuarto de trajes, donde ya estaban reunidos algunos de mis compañeros. Al entrar nos dieron un pañal para adulto y una Prenda de Enfriamiento Líquido y Ventilación (LCVG), de color azul. La LCVG se parecía al traje del Hombre Araña; estaba hecha de una ajustada tela elástica, con tubos flexibles cosidos al tejido. Debido a lo ajustado de la prenda, los tubos quedaban muy cerca de nuestra piel y nos proporcionaban un enfriamiento excelente una vez que el agua fría comenzaba a circular. Para que esto ocurriera, tenía mangueras de entrada y salida que permitían que el agua fría ingresara y circulara por todo el cuerpo. Después de circular, el agua, ya tibia, salía para volver a enfriarse en un intercambia-

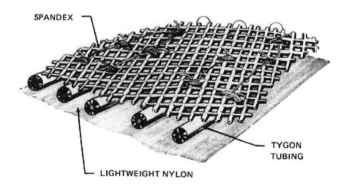

SPANDEX

TYGON
TUBING

LIGHTWEIGHT NYLON

dor de calor portátil o en el sistema de enfriamiento del transbordador. Controlar el flujo de agua fría permitía al usuario ajustarlo a un nivel cómodo. Volví de inmediato a mi dormitorio y me puse el pañal y la LCVG. Nos recomendaban usar el pañal porque pasarían hasta cinco o seis horas antes de que se nos permitiera quitarnos el traje. La espera podía ser aún más larga si el vuelo se posponía cuando ya estaba próxima la hora del lanzamiento, como estábamos por descubrir.

Volví al cuarto de trajes y de inmediato me ayudaron a ponerme el Traje de Entrada de Lanzamiento (LES), conocido como el "traje de calabaza" por su color naranja brillante. El LES era un traje presurizado que las tripulaciones de transbordadores espaciales usaban para las porciones de ascenso y entrada del vuelo. Este LES, junto con un casco sellado, permitía que existiera un ambiente presurizado y era una medida de seguridad que protegía a cada miembro de la tripulación en caso de que la cabina se despresurizara durante la porción de gran altitud del vuelo. Los seres humanos estamos adaptados a la presión del aire en la tierra, y no podemos respirar ni mantener nuestra temperatura corporal bajo condiciones distintas. Si la cabina perdía presión, mi traje de calabaza y mi traje de Hombre Araña con enfriamiento líquido me permitirían respirar y evitarían que mi sangre hirviera. Una vez que los técnicos nos vistieron, nos pusieron los guantes y el casco y nos conectaron a un intercambiador de calor portátil, realizaron pruebas para comprobar que los trajes no tuvieran fugas, un proceso que podía durar hasta dos horas; hicimos todo esto con el pañal puesto.

Después de ponernos los trajes, estuvimos casi listos para dirigirnos a la plataforma de lanzamiento. Sin embargo, teníamos que esperar a que el comandante Rick "CJ" Sturckow realizara un ritual de astronautas: jugar cartas con el jefe de la sección. El juego era una combinación de blackjack y póker de cinco cartas que se había jugado desde los primeros vuelos espaciales estadounidenses, cuando volaron las primeras tripulaciones de dos personas. La tradición era que el comandante de la misión jugara hasta perder su mazo.

Cuando CJ por fin perdió, nos dirigimos al elevador y nos recibieron los técnicos, compañeros astronautas y el personal del cuartel de tripulación. Cuando salimos del elevador, la zona estaba acordonada y libre de gente, con lo que tuvimos el camino libre hacia la bien iluminada Astrovan que nos esperaba estacionada a unos veinte pies del edificio. Mientras caminábamos hacia la van, unos doscientos empleados del Centro Espacial Kennedy nos vitorearon y nos tomaron fotos. Entramos a la van y tomamos nuestros asientos. Fue un alivio que nos conectaran a los intercambiadores de calor portátiles, pues sin ellos no habría sido nada cómodo usar un pesado traje espacial a bordo de nuestra Astrovan en pleno agosto en Florida. Nos dispusimos a hacer el viaje de veinte minutos a la platafor-

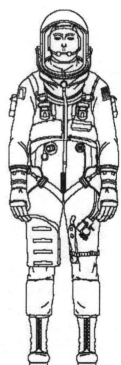

ma de lanzamiento 39A. En la plataforma, cada uno de nosotros cargó su enfriador portátil y se dirigió a uno de los elevadores de la torre de lanzamiento, que nos llevarían hasta el transbordador espacial Discovery.

Subimos al elevador en grupos de cuatro, con los técnicos de trajes, hasta el nivel de 195 pies, y nos reunimos en el área entre la entrada al brazo de acceso y las canastas que permitirían a la tripulación y el personal de cierre escapar de la plataforma en una emergencia. El comandante, el piloto y el Especialista de la Misión Número 1 quedaron asegurados en la cubierta de vuelo antes de mí, y otros tres astronautas quedaron asegurados en la cubierta media. Cuando por fin me llamaron, entré con cuidado por la escotilla, me arrastré hasta la cubierta de vuelo y tomé asiento. No fue tan fácil como suena: el estorboso traje de calabaza de noventa libras hacía que incluso los movimientos más simples fueran todo un reto en

ese reducido espacio con cientos de interruptores. En cuanto estuve sentado, un miembro del equipo de cierre instaló mis guantes y mi casco y conectó mi traje al oxígeno y al agua.

El último paso antes de que nos dejaran fue que yo realizara una revisión de comunicaciones. Después, el equipo de cierre se aseguró de que no hubiera artículos innecesarios en el vehículo. Luego salieron, cerraron la escotilla y bajaron por el elevador para tomar sus puestos a unas tres millas de la plataforma. Serían los primeros en responder en caso de emergencia.

Ahora estábamos a unas dos horas y cuarenta y cinco minutos del despegue. Realicé nuestras revisiones de comunicaciones con el director del lanzamiento y su personal en el Centro de Control de Lanzamiento; después de esto, siguió una revisión de voz aire-a-tierra con el Centro de Control de Misiones en Houston. Mientras esperaba el despegue, comencé a sentirme más cómodo y tranquilo. Las largas pausas nos permitían poner en orden nuestros pensamientos para poder concentrarnos en los pasos siguientes, como la revisión de fugas de la cabina, otra revisión de voz aire-a-tierra, la revisión de presión de la cabina y asegurarnos de que la computadora de respaldo del vuelo estuviera en operación. Una vez completados estos pasos, aún faltaba una hora para el despegue.

Alrededor de una hora antes del despegue, llegamos a la pausa llamada "L menos 20 minutos" (la L es de *launch*, despegue). Sabía que teníamos entre diez y quince minutos antes de que el reloj reanudara su cuenta regresiva, con otra pausa programada nueve minutos antes del despegue. La pausa en menos veinte era una demora programada que permitía que el director del lanzamiento condujera informes finales, y que los encargados de guiar el vuelo completaran algunas labores previas de alineación para mantenernos en la trayectoria deseada durante nuestra misión.

En cuanto comenzó la pausa en menos veinte, noté gotas de lluvia que comenzaban a caer sobre el parabrisas, pero como parecía poco más que un rocío, no lo tomé en cuenta. Pronto terminó la pausa en menos veinte y el reloj reanudó la cuenta regresiva. En ese punto, en nuestras computadoras de vuelo, incluida la de respaldo, estaba cargándose la primera secuencia operacional conocida como OPS1. Esto nos condujo a la pausa de menos nueve minutos.

No pude evitar notar que la frecuencia y el tamaño de las gotas que caían sobre nuestro parabrisas habían aumentado drásticamente, y que a lo lejos destellaban relámpagos. Mientras esperábamos, me sentí mal por mi centenar de invitados, entre ellos mi familia inmediata, que estaban a sólo cuatro millas de ahí, y también expuestos al clima. Más tarde me enteraría de que no les había caído ni una gota de lluvia, y que sólo había lloviznado alrededor de la plataforma.

Durante la pausa, el director del lanzamiento anunció que estaban observando el clima, y que debíamos aguardar. Ahora era un juego de espera, en el que la ventana de tiempo para el lanzamiento y el clima eran las dos variables.

CAPÍTULO 2

L menos 9 minutos y esperando

Durante esta pausa de L menos 9 minutos, no pude dejar de pensar en mi largo camino de admirador de las estrellas a astronauta en la cubierta de vuelo de un transbordador espacial en espera del despegue. Desde que podía recordar, me había considerado un aventurero y un explorador. La razón era mi infancia. Mi familia y yo éramos trabajadores migrantes de La Piedad, Michoacán, México. Para ser más precisos, proveníamos de un pueblo no incorporado conocido como Ticuitaco, cerca de la ciudad de La Piedad. Llevábamos una vida nómada, que nos conducía a diversos lugares de México y Estados Unidos a lo largo del año.

Sin embargo, mi historia comienza mucho antes de mi nacimiento. Comienza cuando mi padre tenía quince años. Pops, como lo llamábamos mis hermanos y yo, venía de una familia de doce niños. Era el cuarto mayor. En esos días, en el México rural, si eras niño, crecías y llegabas hasta el tercer año de primaria. Después de eso se te consideraba lo bastante grande y fuerte para ayudar a tu padre y sus bueyes a cultivar los campos de maíz, garbanzo y alfalfa. Si eras niña también ibas a la escuela, por lo general hasta el tercer año, y luego ayudabas a tu madre con las tareas del hogar. Estas tareas incluían descascarar el maíz y desgranarlo para que se secara, alimentar y limpiar a los puercos, alimentar a las gallinas, los guajolotes y la vaca (o dos vacas) que cada familia poseía. Cuando llegabas a los catorce o quince años, se esperaba que te comprometieras con uno de los muchachos del lugar.

Cuando Pops tenía quince, después de una temporada de sequía, decidió hacer lo que hacían muchos jóvenes para ayudar a sus familias: ir al norte, a California, a buscar trabajo. En California, los jóvenes michoacanos hacían el único trabajo que sabían hacer: trabajo de granja, sobre todo si, como Pops, eran indocumentados y estaban en el país sin permiso del gobierno. En pocas palabras, su trabajo era cosechar las frutas o verduras de la temporada. Las condiciones laborales eran pobres, pero se les pagaba en dólares estadounidenses, moneda que, en México, valía mucho más que los pesos. Conforme pasaron los años, mi padre continuó haciendo el viaje anual a California, y regresaba a casa cada invierno.

Cuando Pops vino a casa para las vacaciones navideñas después de su tercera temporada de cosecha en California, conoció a mi madre. Él tenía dieciocho años y ella casi catorce. Según Mamá, fue amor a primera vista. El cortejo comenzó pocos días después de que ella lo conociera. Tres meses después, mi abuelo y un sacerdote acompañaron a mi padre a la casa de

Mamá para pedir su mano en matrimonio. El acuerdo fue que Pops iría a trabajar a California y volvería con suficiente dinero para la boda. Todo salió de acuerdo al plan; se casaron cuando Pops tenía diecinueve años y mi madre casi quince.

Después de la boda, Pops al principio dejó a mi madre con mis abuelos paternos, José (de quien viene mi nombre) y Cleotilde Hernández. Poco después, Pops solicitó y recibió el status de residente permanente en los Estados Unidos. Ahora que podía ir y venir a su antojo, solicitó el status de residente para Mamá. Cuando Mamá recibió su status, decidió acompañar a Pops en sus viajes anuales a California.

Con el tiempo, Mamá y Pops tuvieron cuatro hijos: tres niños y una niña. Salvador Jr. es el mayor, seguido de mi hermana Leticia, mi hermano Gil y por último yo. Mis padres querían tener más hijos, pero después de un aborto espontáneo, el médico recomendó que no tuvieran más.

Nací en el mes de agosto, en plena temporada de cosecha. Mis padres siguieron el trabajo, comenzando por el sur de California y avanzando hacia el norte. Nací en nuestra última parada de la estación, en French Camp, cerca de la ciudad donde vivíamos en ese tiempo: Stockton, California. Mi hermano más cercano en edad, Gil, también nació en el Hospital General San Joaquín en French Camp, en septiembre, antes de que la familia volviera a México. Sin embargo, mis dos hermanos mayores, Sal Jr. —o Chava, como lo llamamos— y Leticia, o Lety, nacieron en los meses de invierno en la tierra natal de mis padres. Hoy día bromeo con Chava y Lety: aunque ahora son ciudadanos estadounidenses naturalizados, les recuerdo que según la Constitución, algún día yo podría ser presidente de los Estados Unidos, y ellos no.

De pronto, la voz en el sistema de comunicaciones del transbordador me devolvió a la realidad. El director del lanzamiento dijo que pronto tendríamos que tomar una decisión de seguir o no seguir. La lluvia no había parado, y había relámpagos en el cielo oscuro sobre nosotros. Unos minutos más tarde, el director del lanzamiento informó a nuestro comandante que la misión se había cancelado por esa tarde.

Extremadamente decepcionados, comenzamos el proceso de salir del transbordador espacial Discovery. Como amante de los números que soy, no pude evitar pensar que cada misión cancelada costaba más de 1.2 millones de dólares. El alto costo de los lanzamientos cancelados se debía al costo del personal, así como a los propelentes de hidrógeno y oxígeno líquidos súper-enfriados que se almacenaban en el tanque externo. Aunque la mayor parte de este combustible podía reciclarse si se cancelaba un lanzamiento, una parte se disolvería en el aire: alrededor de medio millón de dólares. Los otros 700 mil dólares se gastarían en la fuerza de trabajo que pasaría horas encargándose de la seguridad del transbordador y preparándolo para otro intento de despegue. El siguiente intento se programó para el jueves 26 de agosto a la 1:10 am, apenas 23 horas y 34 minutos después.

De regreso en el cuartel de la tripulación, tuvimos una reunión informativa, y se nos dijo por qué se había postergado el lanzamiento. Para sorpresa de nadie, la precipitación y los relámpagos eran los culpables. Una vez que terminó la reunión, fui a la cocina y me preparé un sándwich de jamón bien servido, tomé una bolsa de papas y una lata de refresco, y comí como si no hubiera un mañana. Cuando terminé el sándwich y las papas llamé a mi esposa, que para entonces ya había vuelto a su hotel y estaba tratando de dormir a los niños. Le di una descripción detallada de nuestro intento de lanzamiento, le deseé buenas noches y me fui a dormir. ¡Vaya día!

Mientras estaba acostado en la cama, seguía tan emocionado que me costó trabajo dormir. Mis pensamientos volvieron a mi niñez. Me preguntaba cuál sería el acontecimiento más antiguo de mi vida que pudiera recordar. Para mi sorpresa, fui capaz de recordar mis días en el jardín de niños. Aún recuerdo cuando vivíamos cerca de Modesto, California. El Valle Central de California siempre era la última parada de la familia cuando seguíamos las cosechas hacia el norte. En ese tiempo vivíamos en una pequeña casa al final de un camino de terracería; el granjero se la prestaba a Pops y a mis dos tíos, que también trabajaban en la granja cuidando los tomates, la remolacha y el maiz. Crecí con ellos: el tío Raúl y el tío Roberto. El tío Raúl aún era soltero, y el tío Roberto, en aquel entonces, no había llevado a su familia a California. Fue como crecer con tres trabajadoras figuras paternas. Recuerdo que Pops decía que al granjero le encantaba la idea de tener tres peones viviendo en una sola casa, en vez de que un solo miembro de la familia trabajara en la granja.

En mi primer día de escuela, recuerdo que un autobús amarillo, nuevo y reluciente, se detuvo a recogernos frente a nuestro camino de terracería. Estábamos a unas 800 yardas de la carretera pavimentada, y el autobús nos esperaba pacientemente con las puertas abiertas. Cuando subí, aspiré el aroma a autobús nuevo y, junto con mis tres hermanos, pasé junto a los asientos ocupados tratando de ignorar las miradas de los otros pasajeros. Encontramos asientos juntos en la parte de atrás. Mis hermanos y mi hermana parecían tranquilos; yo, por otro lado, estaba lleno de temor. Era miedo a lo desconocido. En ese tiempo no entendía el inglés. Mis hermanos eran mis únicos amigos, y mis padres siempre veían programas en español en la televisión, así que no había tenido muchas oportunidades de aprender inglés. Mi nerviosismo, aunado al hecho de que el autobús avanzaba entre curvas y daba vueltas pronunciadas, creó el ambiente perfecto para que me dieran náuseas.

Cuando llegamos a la escuela, recuerdo que bajé del autobús a toda prisa para poder tomar aire fresco. Eso me hizo sentir mejor de inmediato. Chava me llevó a mi clase. Me explicó que yo saldría antes que él, y que tendría que tomar el autobús solo y caminar a casa por el camino de terracería. El primer día de clases fue un caos total. Me costaba trabajo entender a la maestra, pero pronto desarrollé la estrategia de esperar a que mis compañeros comenzaran cada actividad para poder seguirlos. Mi parte favorita de ir al jardín de niños era la galleta, la leche y la siesta que tomábamos al final de nuestro corto día de escuela.

Pronto desarrollé una rutina escolar, y me enorgullecía que cuando mi maestra decía "Alumnos, por favor tomen su lápiz! o "Alumnos, por favor tomen sus crayones" yo entendía sus palabras. También me emocionaba regresar a casa en el autobús. Por lo general Pops o uno de mis tíos —quien condujera el tractor ese día— me esperaba donde el camino de terracería se unía con la carretera asfaltada, para llevarme a la casa. Adentro me esperaba Mamá, siempre lista para darme algo de comer antes de dejarme salir a jugar solo y esperar pacientemente a que mis hermanos llegaran de la escuela.

Conforme la noche avanzaba y los efectos de la adrenalina disminuían, fui quedándome profundamente dormido. A la mañana siguiente, el martes 25 de agosto, me despertó el aroma del tocino que se cocinaba en la cocina del cuartel. Rápidamente, me duché, me vestí y me uní a algunos miembros de la tripulación que ya estaban ordenando sus desayunos. Mientras llegaba el resto de la tripulación, CJ nos puso al corriente: "Tripulación, todo sigue igual. Haremos todo lo que hicimos ayer, sólo que las cosas están programadas unos veinte minutos más temprano".

Este retraso de un día había provocado que nuestra ventana de tiempo para el despegue se moviera unos veinte minutos, el tiempo necesario para alcanzar la misma órbita que la Estación Espacial Internacional para atracar ahí.

Nos dimos cuenta de que en vez de la probabilidad de despegue de 80 % de la noche anterior, nuestras probabilidades habían bajado a 70 %. ¡"Cielos, espero que no tengamos otro retraso por el clima!", pensé. Recordé el hambre que había sentido la noche anterior y decidí comer un almuerzo y una cena cuantiosos. De hecho, hasta acompañé mi papa horneada con crema agria, trozos de tocino y cebollitas. También les puse mantequilla a mis panecitos. Poco después de la cena, volvió a llegar la hora de ir al cuarto de trajes y recoger el pañal de adulto, la LCVG e ir a mi dormitorio a cambiarme.

Después de entrar al cuarto de trajes con mi traje azul de Hombre Araña, me dirigí una vez más a mi estación, donde el técnico de trajes procedió a ponerme el LES anaranjado. ¿Sistema de enfriamiento instalado? Sí. ¿Guantes instalados? Sí. ¿Casco instalado? Sí. Después hicimos la revisión de comunicaciones, y luego la revisión de fugas de presión. Todo iba bien. Vi a mis seis compañeros, que también estaban terminando. Luego vi que algunos de los directivos estaban reunidos en la estación del comandante. "Esto no puede ser bueno", pensé.

En efecto, el comandante se acercó y nos dijo:

—Tripulación, esta misión se retrasa de nuevo. No tenemos una nueva fecha de lanzamiento; estamos en espera.

Uno de nosotros preguntó:

—¿Por qué el retraso?

—Al parecer se necesita reemplazar una válvula o el sensor de una válvula de hidrógeno líquido. Esta noche tendrán más información para nosotros.

La NASA, para mi alivio, toma muy en serio la seguridad y por muy buenas razones. Uno sólo tiene que volver al 2003 cuando perdimos la Nave Espacial Columbia y a su tripulación durante su reingreso. Aparentemente esto sucedió por el daño causado al sistema de protección termal en el ala cuando la espuma aislante del tanque externo la impactó durante los 8 minutos y medio de vuelo hacia el espacio. En 1986 perdimos al Challenger y a su tripulación cuando apenas llevaban 73 segundos de vuelo porque falló un O-ring y en 1967, la tripulación del Apollo 1 se perdió durante una prueba de pre-vuelo. Cada uno de estos fracasos nos recuerdan que el viaje al espacio no es algo rutinario, y por lo tanto se deben tomar todas las precauciones para proteger la seguridad de la tripulación y el éxito de la misión.

Nos enteramos de que los sensores no habían detectado el cierre de la válvula. Después de drenar el tanque externo, se hicieron pruebas a las válvulas y, a pesar de que funcionaban correctamente, se decidió, entonces, que la tercera oportunidad de lanzamiento sería el viernes 28 de agosto a las 23:59 EDT.

Algunas de las personas que había invitado a ver el lanzamiento tuvieron que volver al trabajo o a la escuela, o simplemente no pudieron cambiar sus vuelos o pagar noches adicionales en su hotel. Sin embargo, mi familia inmediata estuvo ahí hasta que el transbordador espacial Discovery por fin despegó.

Cuando ya se acercaba la noche del martes, decidí dormir más temprano de lo normal. Habían sido un par de días muy ajetreados. Mientras me preparaba para ir a la cama y cerrar los ojos un rato, una vez más comencé a pensar en mi niñez.

CAPÍTULO 3

La visita de una maestra

Para cuando entré a primero de primaria y comencé a entender el inglés, estaba aprendiendo mucho más. Ahora iba a la escuela de tiempo completo, con el mismo horario de mis hermanos; pero había otros retos.

Pops siempre estaba buscando trabajo, por lo que teníamos que mudarnos mucho. Íbamos a dos o tres escuelas distintas al año. Nuestro año escolar en California en realidad empezaba en febrero. Pasábamos el invierno en México hasta que Pops nos metía, a los cuatro niños y a Mamá, en el auto para hacer el viaje de dos días al sur de California. Íbamos todo el camino apretujados en el asiento trasero de nuestro sedan.

Como yo era el menor y decía sentirme mareado, me dejaban sentarme junto a la ventana la mayor parte del camino. Durante el largo viaje, pasaba el tiempo fingiendo ser un explorador que se aventuraba hacia lo desconocido. Era más realista por la noche, cuando sólo podía ver las estrellas y la luna. Durante esos viajes, la luna y las estrellas me llamaban.

En esos viajes a California, Mamá siempre llevaba una canasta llena de tortas, preparadas con pan francés, jamón, frijoles, crema agria, lechuga, tomate y queso. Para los adultos, solía añadir rajas de chiles jalapeños en vinagre. Comíamos nuestras tortas con refresco o agua.

—No beban mucho —decía Pops—, porque no quiero detenerme mucho para ir al baño. La segunda comida durante el viaje solían ser tacos de frijoles, papa y carne de res o puerco, fritos. Crujían al morderlos. Si íbamos hacia México, el menú incluía algo más: sopa. Pops siempre se aseguraba de empacar varias hogazas de pan Wonder y muchas latas de sopa de fideos con pollo Campbell's. Las comíamos cuando se nos acababan los tacos y las tortas. Cuando Pops notaba que teníamos hambre, se detenía a un lado de la carretera, abría el cofre del auto y, con cuidado, colocaba tres o cuatro latas de sopa sobre el motor. Luego cerraba el cofre y continuaba conduciendo. Unos treinta minutos más tarde se detenía de nuevo, sacaba las latas, las abría y vaciaba la sopa caliente en vasos. A cada uno de nosotros nos daba uno, con una cuchara de plástico y tres rebanadas de pan. Después seguíamos nuestro camino.

Mi papá seguía conduciendo hasta bien entrada la noche, y se detenía a la orilla del camino sólo cuando ya estaba completamente exhausto, generalmente a la una o dos de la madrugada. Recuerdo que Pops me despertaba a las 5:30, cuando encendía el motor y seguíamos el viaje.

Aunque Mamá y Pops no habían pasado del tercer grado en la escuela, los unía la meta de dar una educación a sus hijos. No sabían a dónde nos llevaría esa educación, pero seguramente nos permitiría tener más oportunidades que el trabajo agrícola.

Recuerdo trabajar en los campos los fines de semana, cuando no estábamos en la escuela. Nos despertaban alrededor de las 4:30 de la mañana, y nos vestía-
mos a toda prisa para acompañar a Mamá y a Pops en
su día de trabajo en los campos de fresas cerca de las
zonas de Ontario-Chino, en el sur de California. Por lo
general el trabajo comenzaba al amanecer y terminaba
cerca de las 2 de la tarde. Nos pagaban de acuerdo al
número de cajas de fresas que cosechábamos.

Mamá me permitía quedarme cerca del auto un
poco más tiempo que a los demás, porque era el
menor, pero Pops no quería que me tratara como a un
bebé. Le dijo que si podía caminar, podía cosechar fresas. Era un trabajo pesado: tenía que agacharme para
recogerlas, y sentía que se me dormían las piernas. Al
ponerme de pie, la sangre se me agolpaba en las piernas y me hacía sentir aturdido. Era demasiado pequeño y lento para que me dieran mi propio surco, así que
seguía a Mamá como una sombra y cosechaba del
mismo surco que ella. Así me convertí en el mandade-
ro designado: iba por agua, iba al auto por los tacos,
iba por los refrescos. Era un trabajo que agradecía,
¡porque cualquier cosa era mejor que recoger fresas!

A principios de la primavera, Mamá y Pops trabajaban cosechando lechugas cerca de la ciudad de
Salinas, en el centro de California. Seguían llevándo-
nos a los campos los fines de semana, pero teníamos
que esperar en el auto hasta que hubiera suficiente
calor para salir a jugar. Durante la cosecha de lechuga, muchas máquinas recorrían el campo, así que no

se permitían niños por razones de seguridad. La maquinaria incluía un aparato grande y largo que cubría 12 surcos de lechuga y se movía de lado a lado entre estos. Detrás del aparato iban 12 personas, usualmente hombres, recogiendo las lechugas y tirándolas a una banda transbordadora. En la banda, ellos sorteaban, lavaban, embolsaban y empacaban las lechugas en cajas. Cuando llenaban una caja, ésta se ponía en otra banda transbordadora que se extendía hacia un camión de plataforma que los seguía. Allí los trabajadores rápidamente, pero con cuidado, subían la caja a otros camiones de plataforma donde la sellaban y etiquetaban, y ordenadamente la apilaban con otras cajas. Cuando se llenaba el camión, aparecía otro y se colocaba para recibir la carga mientras que el camión con las lechugas empaquetadas se iba al centro de distribución refrigerado. La cosecha de otros tipos de lechuga como la lechuga orejona y la mini orejona es muy parecido pero con algunas diferencias, ya que la mini orejona no se pone en bolsas individuales sino en una caja con un forro de plástico.

Estacionaban el auto bajo un gran macizo de árboles que nos daban mucha sombra y nos protegían de los fuertes vientos que soplaban en la zona. Mientras esperábamos a nuestros padres, jugábamos al escondite, a las atrapadas o a la rayuela. El tiempo parecía volar. Antes de que nos diéramos cuenta, Mamá y Pops aparecían, cansados pero felices de que no hubiéramos atraído atención indeseable. Después de un mes o dos, empacábamos nuestras cosas y viajábamos unas horas al norte, a la zona de Stockton-Modesto-Tracy en el Valle Central. Ahí pasábamos unos cinco meses mientras mis padres trabajaban en la cosecha de varias frutas y verduras. Y por supuesto, nosotros trabajábamos a su lado los fines de semana y siete días a la semana en verano. Llegábamos a fines de abril y no volvíamos a México hasta el final de la cosecha, que era a principios de noviembre. Ahí terminábamos un año escolar y empezábamos el siguiente.

La alarma de mi dormitorio en el cuartel de la tripulación me despertó de mi sueño profundo. La había programado para las 6:30 de la mañana. Era miércoles 26 de agosto de 2009. Desperté más relajado que el día anterior, porque sabía que las únicas actividades que teníamos planeadas eran reuniones relativas al estado del Discovery y el sensor defectuoso de la válvula de combustible. Había programado la alarma para que sonara un poco más temprano que de costumbre, para poder salir a correr cinco millas. Aunque el cuartel de la tripulación tenía un gimnasio con un par de caminadores y bicicletas fijas, prefería correr afuera. Algo de ese cambio de escenario me hacía sentir que correr en el exterior era mejor ejercicio que las mismas millas en la caminadora. Después de mi rutina de ejercicio y una ducha rápida, me reuní con algunos compañeros para desayunar. Nuestro comandante ya estaba en una reunión, recibiendo informes sobre el estado de las obras, y pronto nos unimos a él. Esa noche, después de la cena, nuestro comandante decidió que veríamos una película juntos, como equipo. Era aficionado a los *westerns* y a Paul Newman, así que decidió que veríamos *Cool Hand Luke*. La cita más memorable de la película fue: "Lo que tenemos aquí es una falla de comunicación". Sólo puedo suponer que el comandante no sólo quería que disfrutáramos una película, sino también transmitirnos que la comunicación entre la tripulación era de la mayor importancia, y que no comunicarse con eficacia podía ser letal. "Sin duda una buena lección", pensé.

Después de la película nos retiramos a dormir. Acostado en mi cama, volví a pensar en mi niñez. Esta vez recordé la última parada familiar del año en nuestro viaje al norte, en Stockton, California.

Era junio, y el año escolar casi había llegado a su fin. Me emocionaba haber terminado el primer año, y estaba orgulloso de poder entender casi todo lo que decía la maestra. Estaba ansioso de que llegara septiembre, cuando entraría a segundo. Mis compañeros estaban felices porque llegaban las vacaciones de verano, pero yo no estaba tan emocionado, pues sabía que volveríamos a trabajar en los campos los siete días de la semana.

A finales de abril, cuando llegamos a Stockton, los pepinos fueron el primer cultivo de la temporada. Los cosechan equipos de unas cuarenta personas, que trabajan en varios campos al día. Un cosechador tomaba una hilera de plantas y la recorría de pie, pero encorvado, llenando y arrastrando un balde de metal. Una vez lleno el balde, el trabajador debía llevarlo a toda prisa al final de la hilera, donde había un tractor que transportaba cuatro contenedores de madera. El peón vaciaba su balde de pepinos en uno de estos contenedores. Después de que otro trabajador se aseguraba de que no hubiera incluido tallos de las plantas, ni pepinos demasiado grandes o demasiado maduros, le entregaba al peón una ficha con valor de cincuenta centavos. Mientras más baldes recogías, más dinero ganabas.

El trabajo era extenuante. El campo era frío y lodoso en las primeras horas del día, y se iba volviendo caliente y húmedo. Una de las cosas que siempre era necesario evitar era pisar un pepino grande o maduro: ¡si lo hacías, el pepino podrido despedía un olor asqueroso, que podía hacerte vomitar!

Se cosechaban los campos más o menos cada tres días. Una vez cosechado un campo, se regaba de inmediato. El corto tiempo entre sesiones de cosecha no permitía que la tierra se secara por completo. Esto significaba que los campos seguían húmedos por la mañana, y nuestros pantalones se mojaban y enlodaban; pero no tardaban en secarse al sol. Entre los niños Hernández, la marca de honor no correspondía a quien cosechara más cubetas de pepinos, sino a quien, una vez en casa, pudiera quitarse cuidadosamente los jeans y ponerlos de pie por sí mismos. Yo siempre ganaba esta competencia, porque por las mañanas, cuando nadie me veía y ya estaba acalorado por recoger varios baldes de pepinos, me ponía a rodar en el suelo, a medio surco, para enlodar mis pantalones por completo. ¡Cuando se secaban, hacia el final del día, casi siempre eran los más tiesos de todos!

Después de la temporada de pepinos, recogíamos betabeles; luego, cerezas y duraznos de los huertos. Después, tomates verdes. Terminábamos la cosecha con la temporada de uvas.

Mi alarma sonó y me despertó de una noche de sueño reparador. Una vez más, la había programado para las 6:30 de la mañana. Era jueves 27 de agosto de 2009. Me sentía un poco cansado, quizá por haber corrido el día anterior, o quizá por haber pensado tanto en el trabajo de campo de mi niñez. Como fuera, decidí salir a correr mis últimas cinco millas antes de nuestra misión. "¡Un día más y nos vamos al espacio!" pensé.

Pensé que el día sería una repetición del anterior: un buen desayuno, reuniones toda la mañana, comida, más reuniones, cena y una película. Aún estábamos en cuarentena, y no se nos permitía vagar en los alrededores de la base (a menos que saliéramos a correr), y mucho menos ir a la ciudad. Después de todo eso, una vez más, me acosté en la cama a recordar la vida de mi familia como trabajadores migrantes.

Era el verano de 1969, y un verano de trabajo muy duro, cuando empecé el segundo año en la Escuela Primaria Fillmore, en el este de Stockton. La escuela estaba a poco más de una milla de la casa que alquilábamos. En esos tiempos era de esperarse que uno caminara a la escuela si sólo estaba a una milla de distancia. Ahora, creo que los padres se meterían en problemas por poner a sus hijos en peligro ¡por caminar una milla hacia su escuela! Supongo que eran otros tiempos.

El segundo año fue emocionante. Tenía una maestra nueva, la señorita Young, una hermosa joven asiática-americana llena de entusiasmo. No tardó en notar que me costaba trabajo entender el inglés, por lo que dedicó mucho de su tiempo libre a asegurarse de que entendiera las lecciones.

—Y bien, muchacho, ¿cuál es tu materia favorita? —preguntó la señorita Young.

—Matemáticas —respondí con entusiasmo—. Es fácil para mí, y 1+3=4 es igual en español que en inglés.

—Hmm. ¿Qué más?

—Bueno, me encanta mirar las estrellas y la luna por la noche . . . y sobre todo al amanecer.

—¿Al amanecer? ¿Qué haces despierto al amanecer?

—Pues . . . es cuando salimos a trabajar a los campos. Mi padre nos lleva, y cuando llegamos soy el primero en salir del auto para que mis ojos se adapten a la oscuridad. Tengo unos cinco o diez minutos para mirar las estrellas, y si tengo suerte, ¡a veces veo una estrella fugaz!

Un día, antes de que sonara la campana para que nos fuéramos a casa, la señorita Young me llamó a su escritorio y me entregó un gran libro de tapas duras.

—Esto es para ti —dijo—. Como te gusta mirar las estrellas, pensé que te gustaría un libro de astronomía.

Con ansias, recorrí las imágenes de planetas y galaxias que contenía el libro.

—El libro es para que te lo quedes, José, pero sólo tienes que prometerme que lo leerás.

—¡Sí, gracias! —respondí.

Ese día fui directo a casa. Después de terminar mi tarea, me sumergí en mi nuevo libro, titulado *El sol, la luna y las estrellas*. ¡Debo haber leído ese libro un par de cientos de veces en los años que siguieron! Nuestra familia se mudó muchas veces y le perdí la pista al libro, pero apuntó mi vida en la dirección correcta.

Un día de principios de noviembre, mientras nos levantábamos y comenzábamos a prepararnos para ir a la escuela, Pops hizo su anuncio anual:

—Muchachos, volvemos a México la próxima semana. Por favor pídanles a sus maestros que preparen tres meses de tarea.

Mamá y Pops creían en la educación; siempre íbamos a la escuela mientras estábamos en California, pero sabían que inscribirnos a la escuela en México nos confundiría y nos haría más difícil aprender inglés. Además, el tiempo que pasáramos en la escuela en México se vería interrumpido por las vacaciones de Navidad y Día de Reyes. Así que mis padres nos hacían estudiar con regularidad. Mientras estábamos en México, nos despertaban temprano de lunes a viernes, nos daban una taza de chocolate caliente y una pieza de pan dulce y de las 8 de la mañana al mediodía, esperaban que hiciéramos nuestra tarea. Aunque la tarea tuviera manchas de chocolate, Mamá se aseguraba de que termináramos los tres meses de tarea que nuestros maestros de California nos habían dado. Esa mañana, después del anuncio de Pops, me preparé para la escuela y salí de la casa con Chava, Gil y Lety. Cuando llegué a mi salón de clases de segundo año, antes de que los demás alumnos se hubieran sentado en sus escritorios, fui con la señora Young y le dije la petición de mi padre.

De pronto, su expresión de alegría se volvió seria. Lo pensó un momento y luego dijo:

—Diles a tus padres que iré a visitarlos esta tarde.

Asentí. En cuanto terminó la escuela, fui corriendo a casa a darles a mis padres el importante mensaje. En mi cabeza, exclamaba: "¡Viene la maestra, viene la maestra!" Me sentía como Paul Revere llevando el mensaje de "¡Vienen los británicos! ¡Vienen los británicos!"

Cuando llegué a casa, me topé con Pops en la sala y le di la noticia. En ese tiempo Pops era un hombre de pocas palabras y muy estricto con nosotros. Utilizaban lo que llamo "un trato de amor duro" y siempre saltaba a la conclusión, imaginándose lo peor. Por eso, no me dejó terminar. De inmediato se puso de pie, con la cara roja de ira.

—¿Qué pasó? —gruñó. Dio por sentado que la maestra iba a quejarse de mi conducta.

Retrocedí unos pasos y dije que se trataba de nuestro viaje a México.

—¡Pues más te vale que sea así, o el castigo será severo!

¡Fiu, estuvo cerca!

Después fui a la cocina a contarle a Mamá sobre la visita de la señorita Young. Mamá era lo opuesto a Pops. Era muy cariñosa. Después de la escuela nos sentaba en la mesa de la cocina y nos daba frijoles y arroz con tortillas recién hechas mientras se aseguraba que empezáramos y termináramos nuestra tarea. Era maternal pero firme, y no nos dejaba levantarnos a jugar hasta que no termináramos con la tarea. Al recibir las noticias, Mamá se preocupó más por el estado de la casa y la necesidad de ordenarla que por la razón de la visita de la señorita Young. En vez de decirnos que empezáramos nuestra tarea, comenzó a dar órdenes.

—Chava, tú ordena la sala. Gil, tú limpia el baño. Lety, tú limpia la cocina mientras preparo la comida. Y Pepito (un apodo cariñoso para mí), tú limpia las dos recámaras.

Bueno, entendía lo de la sala, la cocina y el baño, pero ¿las recámaras? De ninguna manera la señorita "Young iba a entrar a nuestras recámaras, así que ¿para qué limpiarlas?", pensé. Pero no me atreví a contradecir a Mamá, y obedientemente fui a poner las dos recámaras en orden.

Fiel a su palabra, la señorita Young llegó por la tarde. Después de intercambiar comentarios amables, Mamá pidió a toda la familia y a la señorita Young que fuéramos a la cocina. Toda mi familia se sentó a la mesa de la cocina: Pops y Mamá frente a mí, mis hermanos a cada lado de mis padres y la señorita Young a mi derecha. Mamá había preparado un rápido banquete. Hice mi mejor esfuerzo por mantener la conversación a lo largo de la cena. Fue difícil, porque Mamá y Pops sólo hablaban español y la señorita Young sólo hablaba inglés. Hubo muchas pausas incómodas en la conversación. Al principio no estuvo mal, pues la señorita Young elogió la comida de Mamá. Pero luego vino la primera pausa incómoda larga. Decidí hacer mi contribución y darle un empujón a la conversación.

—Señorita Young . . .

—¿Sí, José? —respondió.

—¡Debería venir más seguido!

Todos en la mesa se rieron, ¡excepto Pops! Las cosas estaban poniéndose serias. Pops nos lanzó a los niños lo que llamábamos "la mirada". Significaba que nos la verías con él después de que la visita se fuera. Terminamos de comer y Pops invitó a la señorita Young a la sala, donde Mamá le ofreció café. También me invitaron a mí, no sólo porque la señorita Young era mi maestra, sino también para que fuera el traductor oficial.

La señorita Young comenzó.

—Señor y señora Hernández, muchas gracias por la deliciosa cena. Fue realmente magnífica. Pero no vine a comer. Estoy aquí para hablar de la educación de sus hijos.

De inmediato, Pops se encendió y preguntó:

—¿Nuestros hijos están portándose mal, señorita Young?

La señorita Young percibió que la imaginación de papá empezaba a volar, y lo tranquilizó:

—No, señor Hernández; de hecho, hablé con sus otros maestros, y dijeron que todos se portan bien y son muy buenos estudiantes. He tenido el gusto de tenerlos a casi todos en mi grupo de segundo año. Todos son muy brillantes.

Mamá y Pops se sintieron aliviados de escuchar este reporte.

—Pero . . . estoy muy preocupada por el estilo de vida nómada que lleva su familia.

—¿Nómadas? —preguntó Pops, confundido.

—Sí. ¡Sus hijos han asistido a tres escuelas distintas en un año!

Pops se puso a la defensiva y respondió:

—Aunque mi esposa y yo sólo llegamos hasta el tercer grado, valoramos la educación más que nada. Sí, nos movemos mucho en busca de trabajo, pero le aseguro que siempre nos movemos en fin de semana y los niños no pierden ni un día de escuela.

La señorita Young replicó:

—¡Pero regresan a México y pierden mucha escuela!

—Es verdad, pero se llevan tarea —dijo Pops.

Mientras traducía, pude sentir la frustración de la señorita Young, porque estaba claro que no estaba transmitiéndole su mensaje a Pops. Pops consideraba que estaba dándonos una educación, ¡sin importar que la recibiéramos en tres escuelas diferentes durante el año escolar, con tres meses de estudio en casa!

La señorita Young se detuvo un momento, y luego se recompuso y volvió a encarar a Pops.

—Bueno, veo que no estoy siendo clara, pero déjeme darle un ejemplo.

—Claro —dijo Pops.

Antes de darle el ejemplo, la señorita Young dijo:

—Puedo ver que es usted un buen padre. Y sabe mucho sobre el trabajo agrícola, y cómo cuidar plantas y árboles.

—Bueno, sí . . . he trabajado en el campo toda mi vida.

—Exactamente —dijo la señorita Young—. Entonces tal vez pueda ayudarme con el siguiente problema.

—Está bien, dispare —dijo Pops.

—Si le doy cuatro pequeños árboles frutales en macetas y le pido que encuentre el suelo más fértil en esta zona, y que ahí excave cuatro agujeros y plante esos árboles . . . y le pido que se asegure de que tengan los cuidados necesarios, incluyendo agua suficiente y fertilizante para mantenerlos sanos . . .

—Está bien —respondió Pops con una expresión de perplejidad en la cara.

—Luego, en tres meses, quiero que encuentre otra extensión de tierra fértil y cave otros cuatro agujeros y trasplante esos mismos cuatro árboles. De nuevo, necesito que se asegure de que reciban riego, fertilizante y el mejor cuidado.

—Bueno —dijo Pops una vez más, con una expresión de desconcierto.

—Luego, en otros tres meses, quiero que vuelva a hacerlo. De hecho, quiero que repita esto cada tres meses. Ahora, señor Hernández, usted que es experto en plantas y árboles, dígame que les pasará a esos árboles con el tiempo.

Pops se pasó los dedos por el delgado bigote, pensando y pensando.

—Bueno, señorita Young —respondió—, los árboles no van a morir, pero le diré que, si los trasplanta tanto, no deja que sus raíces crezcan profundas. Esto hará que los árboles se debiliten a tal punto que su crecimiento se detenga. Se quedarán pequeños y frágiles. Y si son árboles frutales, dudo que alguna vez den fruto.

En cuanto dijo esto, hizo una larga pausa. Su expresión facial cambió. Pude ver que entendía la semejanza entre esos árboles y sus cuatro hijos.

—Ah, ya veo lo que quiere decir, señorita Young —confesó al fin.

—Me alegro mucho de que lo vea —dijo la señorita Young, y luego se despidió mientras se dirigía a la puerta—. Creo que mi trabajo aquí está hecho. Gracias por la deliciosa cena, señora y señor Hernández. Tienen unos hijos muy inteligentes.

Después de que mi maestra se fue de la casa, pude ver que Pops estaba pensando en lo que acababa de suceder.

Ese año aún fuimos a México, pero en el camino de regreso a California ocurrió algo curioso: cuando pasamos por el sur del estado, Pops no viró a la derecha para dirigirse a la zona de Ontario-Chino, donde normalmente hacíamos nuestra primera parada. Cuando nos acercamos a nuestra segunda parada en el centro de California, Pops no viró a la izquierda, hacia la zona de Salinas, sino que siguió por la Autopista 99 hacia Stockton. Stockton sería nuestra primera y única parada. Aunque seguimos viajando a México todos los años, en vez de quedarnos ahí tres meses, nos quedábamos sólo tres semanas, para celebrar la Navidad y el Día de Reyes. Ahora sólo perdíamos una semana de clases al año. Fue en ese tiempo que sentí que nuestra educación comenzaba a tomar velocidad. Pronto estuvimos entre los alumnos con mejor desempeño en nuestros respectivos grupos.

Pero quedarnos en un solo lugar tuvo su precio. El trabajo agrícola no estaba disponible todo el año, y los largos meses de invierno eran austeros. Recuerdo que papá salía a trabajar en los fríos y brumosos meses de invierno, podando árboles frutales y enredaderas. También era la temporada de lluvias, y cuando llovía, no había trabajo. Este tipo de trabajo esporádico significaba que Pops apenas tenía dinero suficiente para pagar la renta, el gas, la electricidad, el teléfono y comprar las cosas más esenciales, incluida la comida. La tienda del barrio, frente a nuestra casa, le daba crédito en invierno. Una vez que el trabajo se reanudaba, Pops pagaba su cuenta de inmediato. Las cosas empezaron a ponerse tan difíciles que Pops incursionó en otros tipos de trabajos. Pronto aprendió a conducir camiones, y a conseguir trabajos en invierno que no eran tan inestables.

Además, Pops sabía cómo crear sus propias oportunidades. Compró un camión usado y comenzó su propio negocio. Más tarde compraría más camiones e incluso contrataría algunos choferes. Años después, cuando crecimos, pudo comprar su primera casa, en casi tres acres de propiedad rural, donde Mamá y él vivieron su retiro.

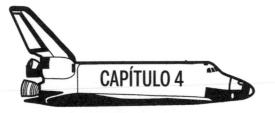

CAPÍTULO 4

La receta de mi padre

Mi alarma sonó en mi dormitorio del cuartel de la tripulación. La tenía programada para las 7:30 de la mañana. Era viernes 28 de agosto de 2009, y estaba convencido de que iríamos al espacio. Después de ducharme, me dirigí al comedor, donde la mayoría de mis compañeros ya estaban desayunando. Ordené rápidamente un bistec y huevos, con papas *hash brown* y pan tostado con mantequilla. Aunque el pronóstico del clima indicaba 60 % de probabilidades de lanzamiento, podía sentir la emoción de mis compañeros. Era la tercera vez que nos preparábamos oficialmente para el despegue.

El día comenzó como los otros. Tuvimos nuestras reuniones, comimos, luego más reuniones, una cena muy ligera y caminamos al cuarto de trajes para cambiarnos. Fue como si estuviéramos en una máquina del tiempo: repetimos todo exactamente como antes. Una vez más nos encontramos en el cuarto de trajes, con nuestros trajes azules de Hombre Araña, o LCVG, y listos para ponernos los trajes de calabaza, los LES. Pronto volvimos a bajar por el elevador y hacer la corta caminata hasta la Astrovan. Afuera esperaban muchos empleados del Centro Espacial Kennedy, y nos vitorearon mientras caminábamos hacia la van y comenzábamos el recorrido a la plataforma de lanzamiento 39A. Sin embargo, esta vez pude captar todo y oír los vítores con mayor claridad, ver las caras de las personas que nos aclamaban, saludar y reconocer personas con las que había trabajado. Disfruté el momento, pues no estaba tan nervioso como las veces anteriores.

Durante el viaje hacia la plataforma, CJ nos dio una charla motivacional y dijo:

—El clima está tranquilo, así que permanezcan alertas y concentrados.

El hecho de que, al salir de la Astrovan, pude ver algunas estrellas en el cielo nocturno parcialmente nublado me ayudó a convencerme de que esta vez despegaríamos. Sería nuestro tercer intento y, como dice el dicho, la tercera es la vencida.

Tal como lo habíamos hecho la noche del lunes, todos nos acomodamos en nuestros lugares sin problemas. Entré por la escotilla, tomé mi asiento y dejé que un miembro del equipo de cierre me asegurara. Luego me pusieron los guantes y el casco, me conectaron al oxígeno y al agua de enfriamiento, y finalmente realizaron las pruebas de comunicaciones. Ahora estábamos listos para que el equipo de cierre saliera del vehículo, revisara la escotilla, comprobara que no hubiera fugas en la cabina y luego desarmara el Cuarto Blanco y retirara el brazo de acceso. Mientras el equipo descendía y se retiraba al área de apoyo, comenzamos a seguir nuestra lista de despegue. Me dije a mí mismo que si todo salía bien, estaríamos en el espacio en poco menos de tres horas. Conforme pasaba el tiempo, el reloj de la cuenta regresiva avanzaba.

"Todo luce nominal", escuché en el circuito de comunicación. Esto significaba que todo estaba funcionando según lo planeado. Nos acercábamos a la pausa de L menos 20 minutos.

Pronto observé que las computadoras del transbordador se configuraban para el despegue. El piloto inició el acondicionamiento térmico de las celdas de combustible, y pedí que verificara que las válvulas de ventilación de la cabina estuvieran cerradas. A los diez minutos de la pausa, todo iba bien, y pronto llegamos a la pausa de L menos 9 minutos. Por lanzamientos anteriores, sabía que esta pausa final duraría unos 45 minutos.

Fue entonces que me pregunté: *¿Cómo rayos llegué aquí?* La primera vez que pensé en lo que quería ser cuando creciera, tenía diez años. Era diciembre de 1972, y vivíamos en la esquina de las calles E y Vine en el lado este de Stockton. Rentábamos la misma casa de dos recámaras donde nos había visitado la señorita Young unos años antes. En la sala teníamos una vieja televisión en blanco y negro coronada por una antena de orejas de conejo. Me encantaba ver la serie original de *Viaje a las estrellas*. Entre mi observación de las estrellas al amanecer, el libro de astronomía que me había regalado la señorita Young y mi amor por *Viaje a las estrellas*, no es sorprendente que el espacio haya cautivado mi imaginación. Un acontecimiento muy especial consolidó mi sueño de convertirme en explorador espacial algún día. Fue ni más ni menos que una de las misiones espaciales Apollo de la vida real; para ser más exacto, las caminatas en la luna de la misión Apollo 17, que vi en esa vieja televisión en blanco y negro. Me llenó de emoción seguir el lanzamiento, el alunizaje y a los astronautas en su paseo lunar. Estaba de pie junto a la televisión, sobrecogido, ajustando la antena y viendo cómo el astronauta Eugene Cernan caminaba en la luna y hablaba con el Centro de Control de Misiones en Houston. También recuerdo haber visto y oído al locutor de noticias Walter Cronkite narrando la caminata, y dando muchos datos y cifras sobre lo que sería la última misión Apollo y la última caminata lunar. (Hasta la fecha, los seres humanos no han regresado a la luna.) Durante las pausas comerciales, salía a ver la luna casi llena en toda su gloria. ¡Luego corría adentro para ver al astronauta Eugene Cernan, que caminaba sobre esa misma luna! *¡Guau, eso es lo que quiero ser!*, pensé. *¡Quiero ser un astronauta!* Así nació mi sueño.

Estoy seguro de que en esa época, casi todos los niños de diez años de Estados Unidos —y del mundo, para el caso— querían ser astronautas. Sin embargo, creo que el sueño se quedó conmigo gracias a lo que ocurrió esa misma tarde. Pops y yo caminamos hacia las dos recámaras, preparándonos para dormir.

Él iba un poco delante de mí cuando lo llamé:

—¡Oye, Pops!

—¿Sí, hijo?

—Ya sé qué quiero ser cuando crezca.

—¿Qué quieres ser, hijo?

—¡Quiero ser astronauta!

Papá casi se tropieza, y se detuvo en seco. Se dio la vuelta, se puso las manos en las caderas y dijo en un tono muy desafiante:

—¿Que quieres ser qué?

No me desanimó su desafío, pues aún estaba emocionado por haber visto a Eugene Cernan caminando en la luna; así que respondí con valentía:

—¡Quiero ser astronauta!

Pops me miró, levantó el brazo y señaló hacia la cocina:

—M'ijo, vamos a la cocina.

Abrí mucho los ojos, porque sabía que había tres razones por las que nos ordenaban que fuéramos a la cocina. La primera era para hacer nuestra tarea. La segunda era para comer. La tercera: la cocina era el lugar favorito de Pops para dispensar justicia, que era como llamaba a los castigos.

Caminé, nervioso, y Pops me pidió que me sentara. Se sentó junto a mí y preguntó, con calma, por qué quería ser astronauta. Solté rápidamente todo lo que había aprendido sobre la caminata lunar de esa tarde.

Pops estaba impresionado de que hubiera memorizado los datos y las cifras, como que la luna estaba a casi un cuarto de millón de millas de distancia, que no tenía atmósfera y que estaba cubierta de cráteres. Lo más importante fue que Pops vio en los ojos de su hijo de diez años la determinación de lograr algo grandioso en la vida.

Lo siguiente que dijo me sorprendió:

—¡Creo que puedes hacerlo, m'ijo!

¡Abrí los ojos aún más!

A continuación dijo:

—Si de verdad quieres hacer esto, necesitas seguir una receta muy simple, de cinco ingredientes, que voy a darte.

—¿Cuál es la receta? —pregunté con emoción. Estaba listo para absorber todo lo que Pops estaba a punto de decirme. Pregunté de nuevo—: ¿Cuál es la receta?

—Bueno —dijo Pops—. Pon atención. Primero tienes que decidir qué quieres ser cuando crezcas.

—Astronauta —dije de inmediato, y me dije que ya tenía uno de los cinco ingredientes.

—En segundo lugar —dijo Pops—, reconoce qué tan lejos estás de tu meta.

Bajé la mirada al piso de linóleo de la cocina, y luego miré las paredes manchadas de grasa de nuestra desvencijada casa alquilada de dos recámaras en la peor parte de la zona este de Stockton.

—Bueno, ¡no podría estar más lejos, Pops! —dije. En ese momento esperaba que se enojara pero, para mi sorpresa, no fue así.

Pops rio un poco y dijo:

—Me alegra que lo reconozcas, porque el tercer ingrediente es trazar un mapa de la ruta desde donde estás hasta donde quieres llegar. ¡Este mapa te mostrará el camino y te mantendrá enfocado! ¡Mantén los ojos en el premio, hijo!

—¿Cuál es el cuarto ingrediente? —pregunté.

—Ah, eso ya lo estás haciendo, m'ijo: quedarte en la escuela. ¡No hay sustituto para una buena educación! ¡Necesitas ir a la universidad, porque sin eso, no hay manera de que alcances tu meta! —hizo una pausa, se aclaró la garganta y dijo—: En quinto y último lugar, m'ijo . . . —levantó el brazo y señaló hacia afuera, por la ventana de la cocina—: ¿Ves el esfuerzo que pones cada fin de semana, y toda la semana en verano, para cosechar fresas, cerezas, pepinos, cebollas, tomates verdes, duraznos, peras y uvas?

—Sí —respondí, un poco confundido, pensando en el trabajo de los fines de semana y veranos en los campos.

—¡Bueno, pues haz el mismo esfuerzo aquí! —dijo, señalando mis libros sobre la mesa de la cocina—. Y cuando tengas trabajo, pon ese mismo esfuerzo en tu trabajo. Siempre, siempre da más de lo que se espera de ti.

¡Fue empoderador escucharlo hablar así! Esa noche me fui a dormir muy feliz. Pensé: "¡Guau, Pops cree que puedo convertirme en astronauta! ¡Voy a lograrlo!"

Rápidamente, repetí la receta de cinco ingredientes de Pops, para no olvidarla:

1. Define lo que quieres hacer en la vida.
2. Reconoce cuánto te falta para lograr tu meta.
3. Traza un mapa para llegar a la meta.
4. Prepárate con una buena educación.
5. Desarrolla una buena ética de trabajo y siempre da más de lo que se espera de ti.

He usado esta receta a lo largo de mi vida, y continúo usándola, ¡simplemente porque funciona!

CAPÍTULO 5

La tercera es la vencida: el lanzamiento

Cuando las comunicaciones aumentaron, me di cuenta de que la pausa de L menos 9 minutos terminaría pronto. A través del circuito de comunicación podía oír las instrucciones a nuestro piloto, Kevin Ford, para que comenzara los últimos preparativos para el despegue. A continuación, el director de pruebas de la NASA revisó los pronósticos del clima para la zona de Cabo Cañaveral y verificó que las condiciones cumplieran los criterios de la agencia para un despegue seguro, y también para un aterrizaje seguro en caso de que tuviéramos que abortar la misión o volver al sitio de lanzamiento.

Por fin el director del lanzamiento, Pete Nickolenko, envió un mensaje final a nuestro comandante, CJ Sturckow:

—El vehículo está limpio y el equipo está listo. Esta vez la Madre Naturaleza está cooperando. Parece que la tercera en verdad es la vencida. Les deseamos a usted y a su equipo buena suerte y que vayan con Dios.

—Gracias, Pete —respondió CJ—. En nombre de la tripulación del Discovery, gracias a todos los que ayudaron a prepararnos para esta misión. Vamos a acelerar la ciencia en la Estación Espacial Internacional.

"Acelerar la ciencia" era el tema oficial de nuestra misión; era bastante apropiado, pues uno de los artículos de nuestra carga era una caminadora que entregaríamos e instalaríamos en la estación espacial.

Y entonces se reanudó la cuenta regresiva. El brazo de acceso se retiró en T menos 7 minutos y 30 segundos. Las unidades de energía auxiliar se encendieron en T menos 5 minutos, para asistir en las maniobras del transbordador, aplicar los frenos, la dirección, etcétera. En T menos 3 minutos y 55 segundos, los flaps de las alas y el timón se posicionaron para el lanzamiento; esto se llama prueba de perfil de aerosuperficie. Los motores principales se conectaron al transbordador por medio de un dispositivo llamado cardán, el cual permitía que cada motor girara para ayudar a dirigir el transbordador, del mismo modo que las velas se posicionan para ayudar a dirigir un

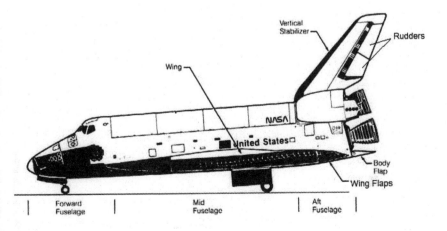

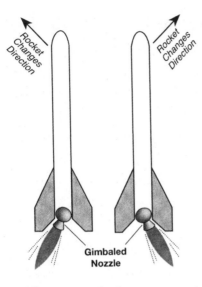

Gimbaled
Nozzle

barco. Estos cardanes estaban probados y funcionaban a la perfección. En ese momento me sorprendí pensando que esta vez sí despegaríamos. Mi emoción continuó acumulándose cuando, en T menos 2 minutos y 55 segundos, CJ anunció:

—Allá va el equipo del gorro de lana.

El "gorro de lana" era el brazo de escape de oxígeno gaseoso que cubría la parte superior del tanque externo. Evitaba que el oxígeno súper-enfriado que se evaporaba formara hielo sobre el tanque externo, lo cual podría dañar el transbordador. Ahora el gorro de lana estaba retraído.

Alrededor de T menos 50 segundos, el transbordador hizo el cambio de energía externa a interna, y en T menos 31 segundos, el control primario de la cuenta regresiva se transfirió a las computadoras de a bordo. En T menos 10 segundos, los combustores de hidrógeno se activaron bajo cada una de las tres campanas de los motores. Era normal que un poco del combustible de hidrógeno líquido se evaporara, pero si había demasiado, el gas inflamable podría provocar una explosión cuando el motor se encendiera. En T menos 6 segundos, todo funcionaba correctamente, y se dio la orden de encender los tres motores principales del transbordador.

En ese momento estaba feliz de sentir al fin las suaves vibraciones de los tres motores principales activados. Eso confirmaba que todo iba bien. Cuando llegamos a la marca de T menos 0 segundos, los cohetes de combustible sólido se encendieron, el ruido retumbó dentro de mi casco y el transbordador se sacudió como si hubiera un terremoto. Justo antes del despegue, se transfirió el control del Centro Espacial Kennedy al Centro de Control de Misiones del Centro Espacial Johnson, en Houston. En el instante antes del despegue, sentí que el transbordador espacial Discovery se sacudía de un modo que me hacía pensar que vibraría hasta despedazarse o caería al suelo. Sin embargo, poco después de este pensamiento, sentí presión en mi espalda y escuché, a través del circuito de comunicación: "¡Hemos despegado!"

El despegue, al principio, fue lento y suave. En vez de disfrutar el momento, como estaba seguro de que lo disfrutaban los tres astronautas de la cubierta media, los cuatro de la cubierta de vuelo estábamos ocupados monitoreando los instrumentos y revisando la lista de procedimientos de ascenso que teníamos en las tablas sujetapapeles que manteníamos sobre nuestras rodillas durante todo el ascenso. Si hubiera una anomalía, yo haría equipo con el piloto o el comandante para solucionar el problema, mientras el otro piloto continuaba realizando las tareas normales de nuestra lista.

Habíamos practicado lanzamientos cientos de veces en los simuladores de movimiento, de modo que nuestra memoria muscular entrara en acción durante esos críticos ocho minutos y medio de vuelo con motor. Los pilotos revisaron que los motores aceleraran hasta 104.5 % poco después del despegue. También se cercioraron de que el transbordador hubiera iniciado las maniobras necesarias. Para la gente que observaba el lanzamiento desde la tierra, parecía como si el transbordador se volcara, pero esas maniobras nos ponían en la dirección correcta para poder reunirnos con la Estación Espacial Internacional en órbita. El término para esta maniobra es rotación, inclinación y bandazo.

A los treinta segundos de ascenso, verificamos que la aceleración de los tres motores principales bajara a 72 %. Este punto de nuestro viaje, en que teníamos que "pisar los frenos", se conocía como "máxima presión dinámica" o Max Q. Además, los cohetes de combustible sólido estaban diseñados para reducir su impulso en un 30 % aproximadamente, a los 50 segundos de ascenso. Si alguna vez has visto a un perro asomar la cabeza por la ventana de un auto en movimiento, entiendes Max Q. ¡Las orejas del perro ondean como locas! Un auto está diseñado para viajar a velocidades de autopista, pero un perro no. Todo objeto tiene un nivel máximo de presión que puede soportar. No reducir el impulso violaría los límites estructurales del transbordador espacial, ¡y causaría daños severos o incluso catastróficos! Conforme el transbordador ascendía más

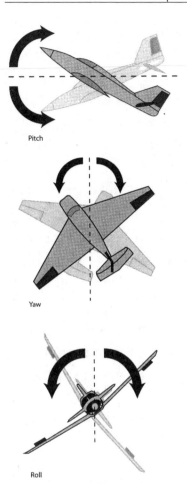

Pitch

Yaw

Roll

y más en la atmósfera, la presión del aire que actuaba sobre el vehículo decrecía, porque también decrecía la fuerza de la gravedad; esto nos permitió volver a acelerar el motor hasta 104.5 % una vez que los sistemas de guía del transbordador verificaron que era seguro. Este aumento y disminución de la aceleración, conocido como "cubeta de impulso", acercó lo más posible al transbordador a sus límites aerodinámicos.

En T más 126 segundos, es decir 126 segundos después del despegue, llegó el momento de que los cohetes de combustible sólido (SRB) se desprendieran del tanque externo y del transbordador espacial. Los pernos que conectan los SRB al transbordador contienen una carga explosiva; esta carga se detonó y los SRB, los motores más grandes en la historia de la humanidad, se separaron. Puesto que era necesario apartarlos del camino en cuanto se desprendieran del transbordador, cada uno de los dos SRB estaba equipado con pequeños cohetes que lo alejaban del vehículo. Luego caían con paracaídas a unas 200 millas de la costa de Florida, donde un barco de la NASA esperaba para recuperarlos.

A casi seis minutos de nuestro ascenso, la comunicación directa del transbordador con las estaciones en tierra comenzó a desvanecerse, y en ese punto el transbordador rotó hacia arriba para redirigir sus enlaces de comunicación al sistema de Satélites de Seguimiento y Transmisión de Datos. Fue entonces que comenzamos a sentir que la fuerza G actuaba contra nuestros cuerpos; cuando esta fuerza G alcanzó el máximo de 3 Gs, o 96.5 pies/s^2 —el equivalente de acelerar de cero a 65.8 mph en un segundo—, los motores se ralentizaron para mantener esa aceleración máxima hasta que alcanzáramos la marca de 8 minutos y 30 segundos, conocida como "corte de motores principales".

Hacia el final de los 8 minutos y 30 segundos de vuelo con motor, me fue muy difícil levantar los brazos, porque la fuerza G estaba en su punto máximo. En cuanto se liberó el tanque externo detonando los sujetadores pirotécnicos, y dejamos de acelerar, la sensación de tener un gorila de 400 libras sobre mi pecho desapareció de pronto. Ahora avanzábamos sin motor, a nuestra velocidad final de 17,500 mph, y así seguiríamos por otros treinta minutos mientras alcanzábamos el punto más remoto de nuestra órbita ligeramente elíptica, punto conocido como apogeo. Fue entonces que el comandante y el piloto encendieron

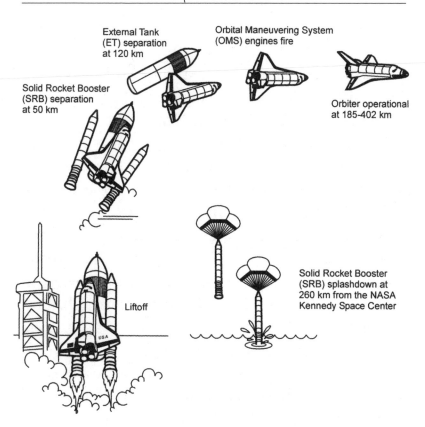

External Tank
(ET) separation
at 120 km

Orbital Maneuvering System
(OMS) engines fire

Solid Rocket Booster
(SRB) separation
at 50 km

Orbiter operational
at 185-402 km

Liftoff

Solid Rocket Booster
(SRB) splashdown at
260 km from the NASA
Kennedy Space Center

los dos motores del Sistema de Maniobras de Órbita, que nos pusieron en camino hacia nuestra órbita deseada de aproximadamente 240 millas sobre la tierra. Esto ocurría mientras el tanque externo caía hacia la atmósfera y se desintegraba en miles de diminutos pedazos en algún lugar entre los océanos Índico y Pacífico. Ahora el transbordador estaba en el mismo plano y a la misma altura que la Estación Espacial Internacional, aunque un poco por detrás de ésta, dando una vuelta a la tierra cada noventa minutos.

Día I de vuelo

Cuando entramos en órbita, me consideré oficialmente un astronauta. ¡Por fin estaba en el espacio, expe-
rimentando la microgravedad! Nuestros tres compañeros de la cubierta media ya se habían soltado de sus
asientos y estaban flotando, mientras los cuatro de la
cubierta de vuelo seguíamos firmes en nuestros asientos, sujetos por nuestros arneses de cinco puntos. A la
tripulación de la cubierta de vuelo aún nos quedaba
aproximadamente una hora más de trabajo, incluyendo
reconfigurar el vehículo del modo de lanzamiento al
modo de operaciones en órbita, lo cual implicaba pur-
gar las líneas de combustible y activar los sistemas de
soporte vital, entre otros artículos de nuestra lista. Mientras lo hacíamos, podía oír y a veces ver a nuestros compañeros de la cubierta media, que flotaban hacia nuestra cubierta de vuelo mientras realizaban sus tareas. En
esencia, cada segmento de cinco minutos de los
siguientes catorce días estaba considerado en un cronograma de tareas para cada uno de los siete miembros
de la tripulación.

¡Por fin, los de la cubierta de vuelo pudimos quitarnos los cinturones de seguridad! Mientras me liberaba,
comencé a elevarme lentamente desde mi silla, y
empujé para impulsarme desde la cubierta de vuelo
hasta la entrada de la cubierta media. Vi que la tripulación de la cubierta media ya estaba trabajando para
activar la cocina y el baño, y preparándose para abrir

las puertas de la bodega de carga. Era necesario abrirlas al poco tiempo de haber entrado al espacio exterior, porque los radiadores estaban en la cara interna de estas puertas, y activarían los circuitos de enfriamiento que mantendrían nuestros aparatos electrónicos y nuestra cabina a una temperatura cómoda. Nuestro comandante tenía el control de la temperatura de la cabina y, por suerte para nosotros, la mantenía a un nivel muy agradable.

Lo siguiente que hicieron fue desplegar la Antena Ku-Band, y después instalar la bicicleta fija. Cada miembro de la tripulación debía ejercitarse en esa bicicleta al menos cuarenta minutos al día para conservar la fuerza de sus piernas. Esto se debía a que, en la microgravedad del espacio, flotábamos constantemente y no usábamos mucho los músculos de nuestras piernas. No ejercitarnos debilitaría nuestros músculos, causaría que se atrofiaran y haría que fuera extremadamente difícil caminar una vez que volviéramos a tierra.

Mi primera tarea después de salir de mi asiento fue instalar las computadoras portátiles de a bordo. Estas computadoras debían enlazarse entre sí por medio de cables, y harían interfaz con los sensores del transbordador. Nos permitirían ser conscientes de nuestro entorno durante nuestro encuentro con la Estación Espacial Internacional (EEI). Esta conciencia era necesaria porque atracaríamos con la EEI mientras ambos vehículos viajaban a 17,500 millas por hora. Mi cronograma me daba cierto tiempo para dedicarme a esta tarea. Cuando terminé, con diez minutos de adelanto, fui a ver si alguien necesitaba ayuda con la tarea de su cronograma.

El lanzamiento había tomado gran parte del día, de modo que ya era hora de cenar e ir a dormir. Durante el entrenamiento habíamos probado más de cien muestras de platos principales, acompañamientos, postres y bebidas. Éstos incluían pollo con arroz, macarrones con queso, carne de hamburguesa, cóctel de camarones, pastel de chocolate, galletas, café, té y otras cosas. La mayor parte de la comida estaba deshidratada y venía en paquetes. Otros alimentos venían en forma de raciones militares. Una vez que elegimos las comidas que nos gustaban, el nutriólogo de la NASA creó una dieta balanceada para nuestros catorce días en el espacio.

Nuestra comida de a bordo estaba marcada con etiquetas de diferentes colores para cada miembro de la tripulación. Mi color era verde. Escogí mi comida y añadí agua caliente o fría a cada recipiente, calenté lo que necesitaba calentarse, abrí los recipientes con unas pequeñas tijeras y comencé a comer mi primera comida, con mis compañeros de tripulación, en el espacio.

Comer en el espacio es un poco difícil, ¡porque todo flota! Aunque las bolsas de comida tenían un trozo de Velcro que podía fijarse a la mesa de la cocina, a veces era más fácil comer los alimentos uno tras otro. De lo contrario, existía el riesgo de que la comida se fuera flotando. Algo tan simple como sacar chícharos de una bolsa y sostener la cuchara muy lejos de tu boca podía provocar que los chícharos salieran disparados de la cuchara y se dispersaran, como los perdigones de una escopeta.

Al principio, comer en microgravedad fue un poco desordenado, pero con el paso de los días nos volvimos expertos. Otra cosa extraña era que, en el espacio, no solía haber pan. Los astronautas preferimos las tortillas; y como en la misión había, por primera vez, dos astronautas méxico-americanos, muchas mañanas Danny Olivas y yo preparamos huevos revueltos y burritos con queso para el desayuno de la tripulación. ¡Creo que Danny y yo podemos jactarnos de haber operado el primer camión de tacos en el espacio!

Dormir en el espacio era también una experiencia muy interesante. Hacíamos que nuestros días y nuestras noches coincidieran con el tiempo de Houston. La mayoría de nosotros nos quedábamos en camiseta y shorts, sacábamos nuestras bolsas de dormir y reclamábamos un espacio en la cubierta media, que a partir de entonces sería nuestro dormitorio. Atábamos las cuatro esquinas de nuestra bolsa de dormir a la pared o al piso para que no flotaran. Los pilotos dormían en la cubierta de vuelo.

Como mencioné antes, viajábamos a 17,500 millas por hora, y orbitábamos la tierra cada noventa minutos. Eso significaba que teníamos aproximadamente 45 minutos de luz de día y 45 de oscuridad, de manera continua. Para dormir el equivalente a una noche, teníamos que apagar las luces y cerrar las persianas

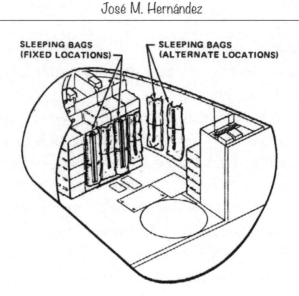

SLEEPING BAGS
(FIXED LOCATIONS)

SLEEPING BAGS
(ALTERNATE LOCATIONS)

para que la luz del sol no interfiriera con nuestro sueño. Esto era espacialmente cierto en la cubierta de vuelo, donde las ventanas eran más grandes y numerosas.

Una vez colocadas nuestras bolsas de dormir, flotábamos suavemente hacia ellas y nos metíamos. Resultaba extraño que una almohada fuera inútil en el espacio, porque en microgravedad, tu cabeza flota y no necesita apoyo. Y como literalmente flotábamos dentro de nuestras bolsas de dormir, teníamos los colchones perfectos.

Cuando entré flotando a mi bolsa de dormir, noté que no había absolutamente ningún punto de presión sobre mi cuerpo. Me tomó un par de noches acostumbrarme a no usar almohada, pero aun así, durante esa misión de catorce días dormí mejor que nunca. Mientras cabeceaba, podía oír ruidos de fondo similares a los de un laboratorio científico, donde se oyen bombas, ventiladores y aire acondicionado.

Una vez que se apagaron las luces y estuve dentro de mi bolsa de dormir, me puse tapones en los oídos para silenciar la mayor parte del ruido, pero aun así podía oír la alarma si sonaba. Me di un pellizco y me pregunté: *¿De verdad estoy preparándome para pasar mi primera noche de sueño en el espacio?* Una vez más, me descubrí pensando en el viaje que me había llevado hasta ese punto. Pensé en la receta de Pops y en lo afortunado que era de tenerlo a él, a mi madre y a mis hermanos mayores, que me guiaron durante el tiempo más crítico de mi vida: mis años de pubertad y adolescencia.

Mantenerse enfocado

Uno de los momentos de mi vida en que las cosas podrían haber salido mal fue cuando comencé a asistir a la Escuela Secundaria Fremont. De pronto, mi mundo se abrió y me vi expuesto a cosas nuevas. Estaba en séptimo grado, y los chicos de octavo y noveno siempre molestaban a los de séptimo. Por suerte, la mayoría de los estudiantes conocían a mis hermanos mayores, Gil y Lety, que estaban respectivamente en octavo y noveno grado y eso fue una ventaja para mí. También se me hacía difícil desarrollar una relación con mis maestros, porque tomábamos siete materias distintas con siete maestros distintos. A diferencia de la primaria, los estudiantes no provenían sólo de nuestro vecindario, sino de toda el área. Me sorprendió su conducta grosera, y me sorprendió aún más la incapacidad de algunos maestros para controlar a los alumnos más rebeldes. Y finalmente, nos vimos expuestos a la cultura de las drogas. Conseguirlas era tan fácil como ir al baño y comprárselas a alguno de los alumnos que las vendían.

Comenzar la secundaria fue abrumador porque el mayor de mis hermanos, Sal, acababa de volver a

México para estudiar el bachillerato, en vez de ir a la Escuela Preparatoria Franklin en Stockton. Eso fue porque mis padres planeaban que, en algún momento, toda la familia volviera a Michoacán, y querían que Sal tuviera ventaja. Querían que se aclimatara para que no tuviera dificultades en la universidad mexicana. En aquel entonces parecía razonable, pero no sospechábamos que California terminaría por ser nuestro hogar definitivo. Quizá lo que ayudó a que esto sucediera fue que mi hermana Lety terminara la secundaria. A ella no la enviaron a vivir sola a México porque era una chica. Los padres hispanos protegen mucho a las niñas de la familia, y eso, en el caso de Lety, fue ventajoso. Una vez que empezó la preparatoria y mis padres vieron que iba bien, eso permitió que Gil y yo asistiéramos a la preparatoria en California.

Sal nos visitaba y trabajaba con nosotros cada verano. Yo notaba que anhelaba quedarse con nosotros. Con el tiempo Sal terminó la preparatoria en La Piedad y se mudó a Morelia, la capital del estado de Michoacán, para estudiar la universidad. Recuerdo que todos estábamos muy orgullosos de él, sobre todo porque estudiaría ingeniería eléctrica. Sal se graduó y volvió a California para trabajar como ingeniero. Sin embargo, creo que aún guarda un poco de resentimiento hacia la familia, por haberlo enviado a México. No puedo culparlo, pero también creo que mis padres hicieron lo que les parecía mejor para él.

Comencé la preparatoria en Fremont con tres de mis mejores amigos del vecindario. Dos de ellos, Alberto y Carlos, eran hermanos con un año de diferencia, pero cursaban el mismo grado; el tercero, Sergio, vivía frente a mi casa. Cuando conocí a Alberto y a Carlos, ellos eran relativamente nuevos en Estados Unidos, y sabían muy poco inglés. Al igual que yo, eran trabajadores migrantes que se habían asentado en Stockton pero aún trabajaban en granjas los fines de semana, y los siete días de la semana en las vacaciones de verano. El padre de Alberto y Carlos era muy trabajador pero, por desgracia, bebía mucho alcohol. Sergio, por su parte, había nacido en Estados Unidos, pero tenía un padre con muchos vicios, entre ellos las apuestas, el alcohol y las mujeres; casi nunca estaba en casa. Su familia era grande y siempre dependía de la asistencia pública. En séptimo grado, todos tuvimos clases juntos. Alberto y Sergio eran buenos estudiantes, pero Carlos y yo siempre éramos los primeros de la clase y competíamos abiertamente entre nosotros. Tengo que confesar que Carlos superaba mis calificaciones en los exámenes más a menudo que yo las suyas.

Durante el verano entre séptimo y octavo grado tuvimos poco contacto, ya que todos trabajábamos en los campos con nuestras familias, los siete días de la semana, para diferentes granjeros. Después de trabajar en los campos, mis padres nos sujetaban la rienda, y no nos permitían ir más allá de nuestra calle. Aunque de cuando en cuando veía y hablaba con Sergio, todos los días después del trabajo quedaba demasiado cansado como para pensar siquiera en aceptar sus invitaciones a pasar tiempo con Alberto y Carlos. En retrospectiva, creo que mis padres presentían el peligro de que desarrollara una relación demasiado cercana con ellos. De alguna manera, sabían que eran chicos en riesgo, y querían asegurarse de que sólo estuviera con ellos en nuestra calle, donde podían vigilarnos.

Cuando empezamos el octavo grado, noté un cambio inmediato en mis tres amigos. De repente, a Carlos ya no le interesaba competir conmigo por las mejores calificaciones del grupo, y Alberto y Sergio pasaron de ser buenos estudiantes a tener un mal desempeño. Era como si no les importara la escuela, y sólo hicieran lo indispensable. También noté que su guardarropa estaba cambiando. Pasaron de usar ropa normal a lo que era entonces el atuendo tradicional de los cholos: pantalones caqui bien planchados, una camiseta blanca, una camisa Pendleton de manga larga a cuadros y un lustroso par de zapatos negros Stacy Adams. Comenzaron a juntarse con amigos nuevos que no reconocía del vecindario, y que se vestían como ellos. Fue en noveno grado que me di cuenta de que a mis tres amigos no les interesaba ir a la escuela: comenzaron a faltar a clases, pelear y experimentar con drogas.

Fue también en noveno grado que dejé de juntarme con mis tres mejores amigos. Comenzaron a burlarse de mí, llamándome "colegial" por negarme a faltar a clases con ellos. Quizá fuera el miedo a decepcionar a mis padres, o quizá fuera que sabía que quería ir a la universidad y convertirme en astronauta lo que me mantuvo en el camino recto. Como fuera, seguí adelante con mis estudios en la Secundaria Fremont, y estaba ansioso de empezar la preparatoria.

Recuerdo mi emoción por entrar a la preparatoria y mi felicidad por no estar en el grado más bajo. Ese año convirtieron nuestras secundarias en escuelas de enseñanza media, lo cual significaba que dos grados empezarían en la Preparatoria Franklin. Yo estaba en el grupo entrante de décimo grado. El hecho de que mi hermano Gil estaba en el primer año en Franklin, y mi hermana Lety en el último, también reducía mis preocupaciones, pues tanto los maestros como los alumnos me conocerían como su hermano menor.

La Preparatoria Franklin fue la primera escuela que estaba demasiado lejos de mi casa como para llegar a pie. Estaba a unas cinco millas de distancia. Lo tuve fácil, porque para entonces Lety y Gil ya iban en auto a la escuela. Mi padre había ganado suficiente dinero con sus camiones como para comprarles un Oldsmobile Cutlass Supreme 1969, verde, usado pero de buen aspecto. Yo lo llamaba el Avispón Verde. Fue con ese auto que los cuatro hermanos aprendimos a conducir.

Cuando Lety se graduó de la Preparatoria Franklin, fue a estudiar a la Universidad Humphries en Stockton, y necesitó el Avispón Verde para ir a sus clases. En consecuencia, Gil y yo necesitamos otro auto. Ese verano, Gil y Pops compraron un Mercury Montego 1972 blanco. Ése sería el auto de Gil, en el que ambos iríamos a la escuela. Gil siempre tuvo talento para la mecánica; le puso rines y faros nuevos al auto, y le bajó el chasís para camuflarse un poco con los *lowriders* de nuestro vecindario. Digo "un poco" porque nunca nos consideramos cholos con *lowriders*, pero queríamos pasar desapercibidos.

En la preparatoria salí de mi caparazón y comencé a desarrollar amistades con estudiantes que no eran de mi vecindario, y que provenían de distintas circunstancias. Recuerdo que en mi primer año aún me avergonzaba del lugar donde vivía, de nuestra situación financiera y del hecho de que aún trabajábamos en granjas. Me daba tanta vergüenza que incluso evitaba invitar a casa a mis nuevos amigos. Que saliera de mi caparazón tuvo que ver, en parte, con el hecho de que me involucré en el soccer y en el gobierno estudiantil. Recuerdo el otoño de mi primer año, cuando asistí a una reunión para hablar sobre la carroza que nuestro grupo debía construir para la reunión de exalumnos. El único problema era que nadie podía conseguir un camión y un remolque plano. Nadie excepto yo, porque para entonces Pops ya había comprado un camión y un remolque usados para su trabajo como camionero independiente; pero sabía que, si ofrecía el camión y el remolque de Pops, él querría que construyéramos la carroza en casa, donde los guardaba.

Al final ofrecí preguntar a Pops si podíamos usar su camión, su remolque y su experiencia de manejo para el desfile de la reunión de exalumnos. Pops accedió, pero dijo que tendríamos que trabajar en la carroza frente a nuestra casa, tal como había sospechado. Necesitamos una semana de trabajo para convertir el remolque plano en una carroza aceptable. Todos los días de esa semana, el grupo de primer año llegaba nuestra casa para trabajar. Mi familia se involucraba: Mamá ofrecía comida, por lo general burritos y agua de Jamaica. Mi padre sacaba el estéreo portátil y nos dejaba poner la estación de radio que quisiéramos. Incluso mi hermano y mi hermana salían a ayudar.

A los pocos días de trabajo en la carroza, me asombré de cómo el número de estudiantes que llegaban a ayudar aumentaba cada día; parecían disfrutar los burritos que a mí me avergonzaba llevar a la escuela para comer. También les gustaba el agua fresca y la compañía de mis padres y hermanos. Uno de mis amigos, a quien su mamá acababa de regalarle un auto nuevo, se acercó a decirme lo afortunado que era yo.

—¿Afortunado? —dije—. ¿Por qué?

—Porque aunque yo viva en un vecindario más rico y tenga un Camaro nuevo . . . todos los días después de clases llego a una casa vacía. Mis padres están divorciados . . . vivo con mi mamá. Es enfermera, y siempre tiene que trabajar.

¡Guau! Fue entonces cuando comprendí el valor de una familia unida. ¡Y pensar que había estado

demasiado avergonzado por nuestra situación econó-
mica como para apreciar lo que muchos de mis compañeros no tenían! Un ambiente hogareño estable y
amoroso, y orgullo por la herencia cultural de su
familia. También tenía suerte de haber tenido la oportunidad de tomar, para definirme, las mejores partes
de las dos culturas en las que vivía. Ya no tendría que
vivir en dos mundos distintos, sino que tendería un
puente que los uniera a ambos.

La preparatoria iba de maravilla. Prosperaba en lo
académico. Me involucraba en los deportes y en el
liderazgo estudiantil. Tenía muchos maestros que me
inspiraban a aprender y seguir aprendiendo. Estaba la
señorita Sylvia Bello, que nos enseñaba español y
biología. La señorita Bello era de lo más estricta, pero
también justa. Exigía mucho, pero daba mucho de sí
misma. Cuando enseñaba español vendía burritos en
su clase, para ayudarnos a recaudar fondos para
excursiones a México, y en sus clases de biología
hacía lo mismo para viajes a Baja California. Asistí a
sus dos viajes a Guadalajara para la clase de español.
Para que los costos fueran bajos, el grupo viajó en
autobús y se hospedó en una casa hogar para ciegos.
También viajé con ella a Baja California, donde
acampamos en las vacaciones de primavera y estudia-
mos taxonomía de plantas y biología marina.

Mi mayor influencia en matemáticas fue el señor
David Ellis, que nos dio clases en la enseñanza media
y en la preparatoria. En la escuela de enseñanza media

había seis estudiantes que habíamos tomado todas las clases de matemáticas disponibles y aún teníamos un año de escuela por delante. El señor Ellis se encargó personalmente de crear un curso de cálculo para nosotros. En la preparatoria, él y otros profesores tuvieron un enorme impacto en mi vida. Estaba también el señor Alameda, quien me enseñó los fundamentos de la química y la física. Luego estaba el señor Zendejas, que se interesó en ayudarme a llegar a la universidad: me ayudó a llenar mis solicitudes y a escribir el ensayo sobre quién era yo y por qué quería estudiar la universidad. Hasta el día de hoy mantengo el contacto con estos maestros, que ya están retirados.

En la preparatoria jugué como centro delantero en el equipo escolar de soccer, y fui el goleador líder en mi último año. Sin embargo, sabía que no era lo bastante bueno para conseguir una beca atlética para la universidad, y mucho menos para jugar profesionalmente. Saber esto me liberó de algo de presión y me permitió disfrutar jugar en el equipo. También me involucré en el liderazgo estudiantil al principio de mi primer año, y pronto mis compañeros me animaron a postularme para presidente del cuerpo estudiantil. El único problema era que había otros dos candidatos, ¡y ambos eran muy populares! Sabía que si entraba a la competencia, la batalla sería difícil. Sin embargo, con el apoyo de mis compañeros y maestros, decidí que no tenía nada que perder. Anuncié que me postularía. La campaña consistió de carteles, folletos y una asamblea en la que cada uno de los candidatos dio un discurso sobre por qué deberían elegirlo. Yo, además, dirigí lo que llamé un movimiento comunitario para lograr que los estudiantes votaran por mí. Los chicos populares casi no hicieron campaña, pero yo trabajé muy duro y enfoqué mis esfuerzos en los estudiantes del programa de Inglés como Segunda Lengua, a los cuales me refería como la población olvidada. Ellos tenían tanto derecho a votar como cualquier otro estudiante. Me esforcé por entrar a sus clases y hablarles en español. Estoy convencido de que los votos de esos estudiantes me llevaron a la victoria. ¡El siguiente año escolar yo sería el presidente del cuerpo estudiantil!

Cuando mi hermano Gil se graduó de la preparatoria, decidió asistir a la Escuela Spartan de Aeronáutica en Tulsa, Oklahoma, por lo que su Mercury Montego viajaría con él. Gil se quedaría allá por dos años para obtener su certificación de técnico de armazones y plantas de energía. El verano anterior a su graduación, comenzamos a conseguir trabajos que no tenían que ver con la agricultura. Durante el año escolar, Gil y yo trabajamos en un restaurante como lavaplatos, preparadores, ayudantes de camarero e incluso como meseros. En verano continuamos con esos trabajos, pero también participamos en programas de empleo veraniego juvenil financiados por el gobierno, como cuidadores en nada menos que mi Escuela Secundaria Fremont, que ahora se llamaba Escuela de Educación Media Fremont. Recuerdo haber trapeado, encerado y pulido los pisos de los salones de clases. También pinté las paredes de los pasillos, que mis amigos solían cubrir de grafitis.

Cuando Gil se preparaba para marcharse a Oklahoma, me di cuenta de que necesitaría mi propio auto, y le pregunté a Pops si podía ayudarme a encontrar uno. Pops me hizo el favor, y pronto fui el orgulloso propietario de un Chevrolet Impala 1964. Aunque era más viejo que el Avispón Verde de Lety o el Mercury Montego de Gil, el Impala era un modelo Super Sport que tenía asientos de cubo y un motor de bloque 327. Era negro y tenía rosas pintadas a los costados. Ese auto definitivamente encajaba en nuestro vecindario. Dije en broma que era "el auto del presidente", y lo llamé Rosie.

Día 2 de vuelo

Sorprendentemente, las 6:00 am llegaron pronto, y nos despertó la música que la tripulación había seleccionado. Puesto que nuestra misión duraría catorce días, cada miembro de la tripulación elegía dos canciones. El comandante CJ Sturckow había elegido la canción que sonó esa primera mañana. Se acostumbraba que quien eligiera la canción de esa mañana saludara al Control de Misiones en Houston por el sistema de comunicación, y dijera unas pocas palabras sobre la canción. Mis canciones se reprodujeron en las mañanas cuarta y novena. La primera canción que elegí fue "Mi Tierra", de Gloria Estefan, porque "Tierra" podía referirse al planeta. Esa tarde recibí un correo electrónico que Gloria Estefan había enviado a la oficina de relaciones públicas de la NASA para agradecerme por poner su canción en el espacio. Escribió que su madre supo que Gloria había triunfado cuando supo que su canción sonaba en el espacio. La segunda canción fue de los tiempos de mi padre: "El hijo del pueblo", de José Alfredo Jiménez. Habla sobre recuerdos de ser pobre, de tener raíces comunes y un gran corazón. Se la dediqué a Pops. Mi madre me contó después que rodaron lágrimas por las mejillas de Pops cuando escuchó la canción y la dedicatoria en vivo en el canal de la NASA.

Esa segunda mañana, después de levantarnos, salimos flotando de nuestras bolsas de dormir, las guardamos, nos limpiamos y desayunamos. Después comenzamos nuestras tareas individuales. El Día 2 de vuelo, varios de nosotros debíamos realizar una inspección del sistema de protección térmica del Discovery. Cuando reingresáramos a la atmósfera de la Tierra, lo haríamos a una temperatura de 3 mil grados Fahrenheit. Utilizamos el brazo robótico del transbordador, acoplado al Sistema de Sensores del Brazo del Orbitador, para asegurarnos de que el sistema de protección térmica estuviera intacto. Desde que el transbordador espacial Columbia se desintegró al reingresar a la gravedad terrestre debido al daño al material que cubría su ala para protegerla del calor, esa inspección se había vuelto necesaria.

Mientras trabajábamos en eso, mis otros colegas revisaron los trajes para las caminatas espaciales. También instalaron la cámara de la línea central, que permitiría al comandante y al piloto ver la Estación Espacial Internacional y maniobrar hacia su muelle, y extendieron el anillo del sistema de acoplamiento del orbitador, que conectaría al transbordador con la Estación Espacial Internacional como una clavija en un enchufe. Más tarde encendí las computadoras portátiles y revisé las herramientas de *software* que se usarían para nuestro encuentro con la Estación Espacial Internacional. Estas herramientas nos darías los indicios visuales de velocidad y alineamiento que necesitábamos para acoplarnos exitosamente con la estación.

Además de nuestras tareas principales en el espacio, teníamos muchas tareas menores. Mientras realizábamos estas tareas no-críticas, llegamos a apreciar las ventajas de la gravedad que experimentábamos en la Tierra. Por ejemplo, una de mis primeras tareas no-críticas del Día 2 fue reemplazar el filtro de aire de la cabina, algo que practicamos unas cuantas veces durante nuestros entrenamientos. La tarea involucraba, en esencia, tomar un destornillador, sacar los cuatro tornillos para retirar el panel, reemplazar el filtro y volver a colocar el panel con los tornillos. Bastante simple, ¿no? Bueno, pues cuando me puse en posición para aflojar el primer tornillo, estaba flotando sobre el panel. Al proceder a aflojar el tornillo en dirección contraria a las manecillas del reloj, ¡de pronto mi cuerpo entero comenzó a girar en la dirección contraria! "Tenía sentido", y pensé, "pues eso enuncia la tercera ley de Newton: a cada acción corresponde una reacción igual y opuesta". Después de asegurarme de que nadie me viera hacer el ridículo, noté que había correas para los pies en el piso de la cubierta. Deslicé suavemente mis pies en las dos correas, y ¡problema resuelto! Ahora estaba anclado con firmeza y podía continuar mi labor de retirar los cuatro tornillos que sujetaban el panel. No tardé en descubrir que necesitaba cinta de embalar para sujetar los tornillos que había retirado, o se irían flotando. Ésos eran los detalles que no nos habían enseñado en nuestras sesiones de entrenamiento. Pienso que los omitieron a propósito, sólo para que los astronautas veteranos pudieran divertirse viendo cómo los primerizos batallábamos con esos problemas.

El Día 2 de vuelo fue nuestro primer día completo en el espacio, y todo alió como estaba planeado. No hubo anomalías que reportar, y una vez más, después de una buena cena de pollo con arroz, chícharos, ponche y fresas con crema, llegó el momento de ir a dormir. El proceso fue el mismo que la noche anterior, pero los preparativos fueron más rápidos porque ya todos tenían su territorio asignado. Fue un poco más fácil meterme a la bolsa de dormir; estaba acostumbrándome a la microgravedad. "Al día siguiente", pensé, "nos acoplaríamos físicamente a la Estación Espacial Internacional y conoceríamos a nuestros colegas en el espacio". Mientras comenzaba a quedarme dormido, pensé en mi último año de preparatoria.

CAPÍTULO 7

Siguiendo el mapa

Mi último año de preparatoria fue grandioso. Iba a la escuela conduciendo a Rosie todos los días, estaba en el equipo de soccer de la escuela y era el presidente del cuerpo estudiantil de la Preparatoria Franklin. Además, sabía que iría a la universidad, aunque no sabía a cuál ni cómo la pagaría. Había oído rumores sobre lo caro que era ir a la universidad, y que los padres de algunos de mis amigos no tenían un fondo universitario para sus hijos. "¿Fondo universitario?", pensé. ¡Apenas teníamos suficiente dinero para pagar las cuentas mensuales, no digamos ahorrar para la universidad!

Lo que sabía que debía hacer ese otoño era tomar el examen SAT y enviar solicitudes a universidades. Tenía un empleo de medio tiempo como ayudante de camarero en un restaurante de mariscos, donde trabajaba el turno de la cena. Eso me permitía seguir trabajando en granjas algunos fines de semana. En uno de esos fines de semana, estaba cosechando betabeles cuando escuché en mi radio de transistores la noticia de que la NASA acababa de elegir al primer astronauta hispanoamericano. Eso trajo de vuelta el sueño que había relegado al fondo de mi mente. El "primer astronauta hispanoamericano", fue lo que pensé una y otra vez. A decir verdad, estaba un poco decepcionado por no ser el primero, pero me alegré de que alguien estuviera abriendo el camino para otros hispanoamericanos como yo. Sólo podía pensar en terminar ese día en el campo de betabeles para poder ir a casa a seguir esa emocionante noticia. Una vez que el trabajo del día por fin terminó, me fui a casa, me duché y comencé a investigar quién era Franklin Chang-Díaz. Me tomó varios días, pero averigüé que el doctor Chang-Díaz tenía orígenes humildes, como yo. Cuando lo oí hablar en una entrevista en la radio, noté que hablaba con acento, como yo. Y cuando lo vi en la televisión, vi que tenía piel morena, como yo. Lo más importante: Franklin Chang-Díaz tenía educación universitaria, que incluía un doctorado; a diferencia de mí, pero no por mucho tiempo, pensé.

La noticia del doctor Franklin Chang-Díaz me motivó a revisar la receta de Pops para asegurarme de estar siguiéndola al pie de la letra. Pops me había dicho lo siguiente:

1. Define lo que quieres hacer en la vida.
2. Reconoce cuánto te falta para lograr tu meta.
3. Traza un mapa para llegar a la meta.
4. Prepárate con una buena educación.
5. Desarrolla una buena ética de trabajo y siempre da más de lo que se espera de ti.

Cuando vi la receta de Pops, me convencí de que aún estaba en el camino correcto, aunque necesitaba trabajar más en el paso 3, y que sólo era cuestión de tiempo que llegara a completar el paso 4. Aun así, tuve una sensación de urgencia; quería comenzar la universidad de inmediato y no perder tiempo. Que la NASA hubiera seleccionado al doctor Chang-Díaz demostraba la importancia de que los niños tuvieran modelos que se les parecieran. Aunque estoy seguro de que habría seguido mi sueño de ser astronauta de cualquier manera, la asignación del doctor Chang-Díaz me hizo darme cuenta de que convertirme en astronauta era una meta alcanzable. Me dio una sensación de empoderamiento, muy similar a la que sentí cuando Pops me dio la receta.

Día 3 de vuelo

Despertamos a las 6:00 am con la canción "Made to Love" de Toby Mac, seleccionada por Roman, el hijo de diez años de la astronauta Nicole Stott. Ella también envió un "gigantesco" agradecimiento y fuertes abrazos espaciales, y eso me hizo extrañar a mis hijos. Éste iba a ser un día especial, pues el cronograma decía que nos reuniríamos con la Estación Espacial Internacional y nos acoplaríamos físicamente con ella. Sin embargo, antes de que eso pudiera suceder, nuestro comandante, CJ, realizaría lo que se conoce como "maniobra de inclinación de encuentro", un término elegante para la acción de inclinar hacia abajo la nariz de la nave hasta completar un giro de 360 grados. Una vez que la porción inferior del transbordador mirara hacia la Estación Espacial Internacional, el cosmonauta ruso y comandante de la Expedición 20, Gennady Padalka, y el ingeniero de vuelo de la Expedición 20, Michael Barrett, tomarían fotos de la protección térmica del transbordador, ubicada en su parte inferior y en las orillas de las alas. Esas fotografías en alta resolución eran parte del nuevo protocolo, junto con la inspección que habíamos realizado con el brazo sensor el día de vuelo anterior. Esto se debía al accidente del transbordador espacial Columbia. El equipo en tierra quería estar seguro, antes de nuestro reingreso, de que no hubiera ocurrido ningún daño durante el ascenso. El Columbia había sufrido daño en su protección térmica, lo cual provocó que el ala se desintegrara desde dentro y la nave se estrellara. Los siete miembros de la tripulación murieron. Las fotografías en alta resolución mostrarían además cualquier daño ocasionado por algún micrometeorito o desecho orbital que hubiera impactado con el transbordador. Así como el granizo puede dañar un auto, las rocas espaciales pueden dañar un transbordador espacial.

Tras el éxito de esta maniobra se nos dio la orden de "ir a atracar", lo cual significaba que comenzaríamos a utilizar la propulsión a chorro para acercarnos a la estación espacial hasta que el Discovery se acoplara físicamente y quedara asegurado al adaptador presurizado en el frente del módulo Harmony de la Estación Espacial Internacional.

Tal vez esta operación suene fácil, pero se necesita la concentración de toda la tripulación del transbordador para que ambos pilotos reciban la información necesaria para acertar al blanco en el plano correcto y a la velocidad de aproximación adecuada. Recordemos que esto se hace mientras se orbita a 17,500 millas por hora, y un acercamiento demasiado rápido podría provocar que el transbordador rebotara contra el mecanismo de acoplamiento. Llegar fuera de plano podría provocar daño al mecanismo de acoplamiento, o incluso atascarlo. Sobra decir que no acertar al blanco causaría daños estructurales al transbordador y a la estación espacial. Como ingeniero de vuelo, yo estaba frente a las computadoras, comunicando verbalmente a ambos pilotos el acercamiento al blanco, la distancia y la velocidad de aproximación, mientras otros operaban un láser de mano, tomaban fotografías y video, o estaban en contacto directo con Control de Misiones en Houston.

Mientras nos preparábamos para activar los propulsores a chorro, todo parecía nominal. Empezamos usando una combinación de propulsores primarios para darnos correcciones a gran escala, mientras los chorros de menor calibre proporcionaban los ajustes finos. A mitad de nuestras maniobras de acoplamiento, descubrimos que los propulsores de menor camino comenzaban a fallar; quedamos sólo con los propulsores primarios para hacer el acoplamiento. No había problema, pues ése era un escenario que habíamos practicado durante nuestro entrenamiento en los simuladores. Sólo dificultó el trabajo de nuestros pilotos, porque no tenían manera de hacer los ajustes finos a los que estaban acostumbrados. Conforme nos acercamos al blanco, pudimos ver que nos movíamos de lado a lado con brusquedad, y CJ tendría que sincronizar el transbordador de manera que, cuando yo anunciara la distancia de 3 pies, el movimiento de lado a lado centrara la nave sobre el blanco a cero pies. Como el buen piloto marino que es, CJ lo hizo a la perfección, y nos acoplamos con éxito a la estación. La tripulación celebró con apretones de manos y choques de palmas.

Una vez acoplados, la presurización del compartimento de acoplamiento nos permitió abrir nuestras respectivas escotillas. Esto creó un túnel que nos permitiría ir y venir entre el transbordador y la estación espacial. Cuando entramos a la estación, su comandante hizo sonar lo que parecía ser una campana naval para anunciar nuestra llegada. Los seis miembros de la tripulación de la estación parecían verdaderamente felices de ver a los siete miembros de la tripulación del Discovery. Más tarde sabría que todos ellos llevaban meses en el espacio y estaban hartos de comer comida deshidratada. ¡Una nueva tripulación significaba que habría frutas y verduras frescas!

Después de un informe de seguridad y un recorrido de la estación espacial, que incluyó los módulos de experimentación ruso, estadunidense, europeo y japonés, nuestra compañera de tripulación Nicole Stott intercambió forros de asiento del Soyuz con el ingeniero de vuelo de la Expedición 20, Tim Kopra. "Soyuz" es la palabra rusa para referirse a un transbordador espacial, y hay uno acoplado a la EEI en todo momento, en caso de que sea necesaria una evacuación. El forro de asiento convirtió oficialmente a Nicole Stott en miembro de la Expedición 20, y a Tim Kopra en miembro de la tripulación del Discovery. Este intercambio fue la primera de tres grandes metas de nuestra misión: Tim Kopra regresaría con nosotros, y Nicole se quedaría a terminar su misión de tres meses en la estación espacial. La segunda meta era descargar e instalar más de siete toneladas de equipo que llevábamos en el Módulo de Logística Multiusos, construido en Italia, afectuosamente apodado "Leonardo" y ubicado en nuestra bodega de carga.

La tercera meta principal era realizar tres caminatas espaciales. Había mucho trabajo que hacer en estas caminatas: los astronautas debían reemplazar un tanque

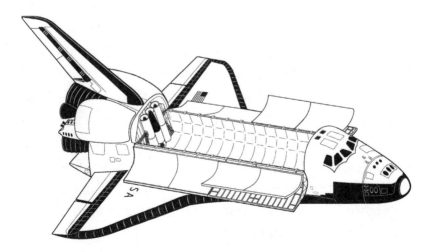

de amoniaco agotado, indispensable para el Sistema de Control Técnico Externo que hace circular un refrigerante de amoniaco líquido (cuando la estación espacial está al sol, puede alcanzar una temperatura de 250 grados). Tenían que acoplar cables aviónicos que permitirían que los sistemas de soporte vital, control térmico y comunicaciones estuvieran listos antes de la instalación del nodo Tranquility (los diferentes compartimentos o cámaras de la estación espacial se llaman nodos). Finalmente, tenían que reemplazar un giroscopio (una herramienta de navegación) e instalar dos antenas de GPS, entre otras tareas menores.

Era asombroso cómo la percepción de un espacio confinado cambiaba una vez que empezábamos a operar en microgravedad. Recuerdo haber hecho nuestro entrenamiento en un ambiente con gravedad de 1G, en réplicas a tamaño real de la cubierta media y la cubierta de vuelo, y haberme preguntado cómo los siete tripulantes podrían caber ahí, no se diga trabajar. Sin embargo, una vez en el espacio, descubrí que, como flotábamos y no había piso, nuestro espacio de trabajo aumentaba a más del doble. Durante los dos primeros días en el transbordador espacial no sentí calambres; y una vez que estuvimos anclados a la estación espacial, me pareció un palacio. Podía pasar un día o dos sin ver a alguno de mis colegas, pues todos estábamos ocupados trabajando.

También debo decir que la estación espacial era una belleza. ¡Y pensar que diecisiete países contribuyeron a la construcción de ese increíble laboratorio orbital, cuya estructura externa tiene el tamaño de un campo de fútbol!

Cuando nos preparamos para dormir al final del Día 3 de vuelo, noté que un par de mis compañeros habían decidido dormir en la estación espacial. Como ingeniero de vuelo, decidí quedarme en el transbordador, por si sonaba alguna alarma durante la noche. Dormir en un ambiente de microgravedad era cada vez más fácil, porque estaba acostumbrándome a dormir sin almohada.

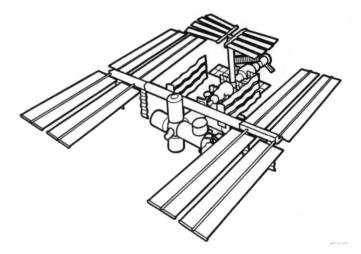

Día 4 de vuelo

El Día 4 de vuelo sería el primer día completo que las dos tripulaciones trabajaran juntas. Los seis tripulantes de la estación espacial tenían sus propios cronogramas, pero estaban bien coordinados con los nuestros y con nuestros objetivos. El comando de la estación espacial se alternaba entre sus dos mayores contribuyentes, que eran Estados Unidos y Rusia; cada país asumía el mando cada seis meses. Cuando llegamos, el comandante era el ruso Gennady Padalka, lo cual me alegró, porque tendría la oportunidad de practicar mi ruso. Él parecía apreciar que, en situaciones no-críticas, siempre tratara de hablarle en su lengua. Digo no-críticas porque el inglés es la lengua oficial de la estación espacial.

El Día 4 también fue ajetreado, pues ese día desacoplaríamos el Módulo de Logística Multiusos (MPLM) de la bodega de carga del Discovery y lo instalaríamos en el puerto del nodo de la estación espacial que miraba hacia la Tierra. Nuestro piloto, Kevin Ford, operaría el brazo robótico de la estación, sujetaría el MPLM, lo separaría de la bodega de carga, lo movería y lo instalaría en el nodo.

Yo tendría el honor de hacer la labor opuesta al final de nuestra misión. Volveríamos a casa con el MPLM

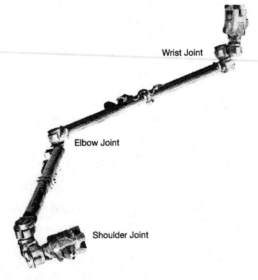

Wrist Joint

Elbow Joint

Shoulder Joint

The ISS robotic arm.

medio lleno de basura, ropa sucia, material de experimentos terminados y cualquier otra cosa que la estación espacial no necesitara.

Mientras Kevin y otros colegas se encargaban de acoplar el MPLM, yo trabajaba con los dos caminantes espaciales, Danny Olivas y Nicole Stott, así como con nuestro nuevo compañero del Discovery, Tim Kopra, para preparar los trajes espaciales para las caminatas del día siguiente, conocidas también como "actividades extravehiculares". Tim y yo hicimos el inventario de las herramientas y preparamos las que necesitaríamos usar, mientras Danny y Nicole revisaban sus procedimientos de caminata espacial y repasaban los últimos detalles con Control de Misiones. Mientras nos preparábamos para la caminata espacial, Kevin y su equipo lograron acoplar el MPLM, presurizarlo y abrir la escotilla, dándonos acceso a las más de siete toneladas de equipo y suministros que contenía.

Cenamos al final del día de trabajo, y ayudamos a Danny y a Nicole a preparar su acampada en el compartimento estanco Quest. El compartimento estanco es la cámara desde la cual los astronautas pueden salir de la estación hacia el espacio. En el espacio no hay aire. Las moléculas de nitrógeno y oxígeno que necesitamos para sobrevivir existen en la superficie de la Tierra gracias a la gravedad; para respirar en el espacio, como bajo el agua, se requieren instrumentos especiales.

El compartimento estanco está equipado con tanques de nitrógeno y oxígeno, para poder mantener una atmósfera respirable después de abierta la escotilla. Los astronautas duermen en este compartimento antes de una caminata espacial, para reducir el riesgo de que sufran mal de descompresión. El compartimento tiene una presión de aire más baja (10.2 psi) que la presión normal de la estación, de 14.7 psi. Esta presión más baja ayuda a descargar el nitrógeno y evitar la formación de burbujas de gas en el cuerpo, que podrían causar mal de descompresión; este mal afecta también a los buzos.

Día 5 de vuelo

Comenzamos la mañana del Día 5 preparando a Danny y a Nicole para su caminata espacial. Tim Kopra y yo los ayudamos a ponerse los trajes espaciales, esos trajes que yo había visto por primera vez en televisión, en 1972, durante la caminata lunar del Apollo 17. Este proceso tomó unas cuantas horas, pues tuvimos que hacer muchas revisiones en coordinación con Control de Misiones. Tuvimos que cerciorarnos de que no hubiera fugas en el traje, y revisar los sistemas de soporte vital y comunicación, así como la cámara y la linterna. Hay que recordar que estábamos orbitando la tierra a una altura de unas 250 millas, y dándole la vuelta al planeta cada 90 minutos. Eso significaba que mis colegas trabajarían afuera en secuencias de 45 minutos de luz seguidos por 45 minutos de oscuridad. El tiempo era muy valioso debido a lo limitado de recursos como la energía de las baterías y el suministro de aire. Era importante que continuaran trabajando durante la fase oscura de cada órbita, pero sólo podían hacerlo si tenían luces en sus cascos. Danny y Nicole tuvieron tres tareas principales durante sus más de seis horas afuera de la estación espacial. Primero retiraron y almacenaron un tanque de amoniaco vacío. Luego retiraron la unidad europea de exposición de tecnología, que era una plataforma para nueve experimentos. Por último, retiraron el anaquel del Experimento 6 de la estación, que era una caja utilizada para probar los efectos de la exposición de varios materiales al espacio exterior.

Mientras Danny y Nicole realizaban su caminata espacial, Pat Forrester los ayudaba con sus procesos. Yo ayudaba a Chris Fuglesang y a un miembro de la estación espacial, Frank de Winne, a transferir experimentos del transbordador a la estación espacial. Transferimos el nuevo cuartel de la tripulación, una caminadora y el anaquel para el sistema de revitalización de aire. Seis horas después, la caminata espacial terminó con éxito. Una vez que Nicole y Danny entraron al compartimento estanco y sellaron la escotilla externa, presurizamos el compartimento, abrimos nuestra escotilla de acceso y los trajimos de vuelta a la estación espacial, donde les ayudamos a quitarse los trajes. Después de seis horas en el espacio, estaban cansados y hambrientos.

Esa noche, en la cena, Danny y Nicole hablaron de su caminata y de las lecciones que habían aprendido y que podrían aplicarse a las dos siguientes caminatas espaciales. Por fin llegó la hora de ir a dormir. Había sido un día especialmente ajetreado. Como de costumbre, entré flotando a mi bolsa de dormir. En vez de ponerme los audífonos, decidí tomarme un momento para apreciar el hecho de que estábamos casi a la mitad de nuestra misión. Hasta ese momento había pensado en mi vida de niño, pero no en mis dificultades en la universidad y en cómo navegué por mi carrera para llegar a donde estaba.

Parecía que mi último año de preparatoria terminaría tan rápido como había empezado. Varias universidades habían aceptado mis solicitudes, entre ellas la Universidad del Pacífico, a la cual decidí asistir porque así viviría en casa y ahorraría dinero. Todas las demás escuelas que me aceptaron estaban lejos y requerían que viviera en el campus. En la Universidad del Pacífico, fui aceptado en un programa especial llamado Programa de Involucramiento Comunitario, el cual, combinado con mis otras becas y programas de estudio-trabajo, cubría hasta el 90 % de mi colegiatura. Era un buen trato, pensé, pero la Universidad del Pacífico era una escuela privada, por lo que aún debía pagar casi tres mil dólares de colegiatura al año.

Tuve la suerte de tener en la preparatoria un asesor, el señor Vance Paulsen, que no sólo me ayudó con las solicitudes para la universidad, sino que también me ayudó a conseguir un empleo de verano en una planta enlatadora de cátsup, tomates, salsa para espagueti y cóctel de frutas. Ese empleo pagaba mucho más que cualquier otro empleo de verano que hubiera tenido, y me permitió reunir la mayor parte del dinero para mi colegiatura. Los otros empleos que tuve durante el año escolar me dieron el resto del dinero que necesitaba para pagar mis libros y gasolina. El trabajo en la enlatadora tenía un pequeño inconveniente: durante unas semanas, coincidía con el inicio de la universidad. Así, por unas tres semanas trabajé de 10 de la noche a 6 de la mañana, fui a casa a ducharme y luego a la universidad, para tomar clases de 8 de la mañana a 3 de la tarde. Luego hacía la tarea tres horas, dormía otras tres y volvía al trabajo a las 10 de la noche. Era difícil, pero no podía renunciar al trabajo al comenzar las clases, porque entonces no volverían a contratarme el verano siguiente. Para empeorar las cosas, al año siguiente el periodo en el que el trabajo coincidía con las clases se extendió dos semanas más.

En la Universidad del Pacífico, donde la mayoría de los estudiantes provenían de familias adineradas, yo llamaba la atención. Era todo un espectáculo verme llegar al campus en mi Chevy Impala Super Sport 1964 negro azabache. A veces me confundían con los desertores de preparatoria locales que entraban al campus a recibir asesoría para el Diploma de Equivalencia General (GED); ¡incluso el presidente de la universidad llegó a confundirme!

Mi carrera era ingeniería eléctrica, por lo que el primer semestre tomé Cálculo I., Química, Programación en Fortran e Introducción a la Ingeniería. Fue difícil trabajar por las noches y tener esa carga de estudio, porque, aunque en la Preparatoria Franklin había sido un alumno ejemplar, los estudiantes de la Universidad del Pacífico parecían mucho mejor preparados. Después de hacer mis primeros exámenes de mitad de semestre y ver los resultados, no tan buenos, comencé a dudar de mí mismo. A excepción de Introducción a la ingeniería, tenía un promedio de C- en mis clases.

Nunca había tenido un desempeño tan pobre, y comencé a preocuparme por no aprobar las materias. Sin embargo, visualicé dos cosas que me dieron un segundo aire: primero, la gran decepción en la cara de mi madre cuando le dijera que iba a abandonar la universidad, y, segundo, la idea de no convertirme en astronauta. En ese tiempo dejé de trabajar por las noches, conseguí un tutor y me uní a grupos de estudio. Uno de mis grupos de estudio era como un equipo de las Naciones Unidas: un vietnamita-americano, un árabe saudí y un venezolano. Nos hicimos buenos amigos.

Con esta ayuda, me recuperé y terminé mi primer semestre con un promedio de B. El segundo semestre no fue más fácil, porque cursé Cálculo II, Física I, Electricidad y Psicología. Parecía que cada semestre habría una clase que me diera problemas. El semestre anterior había sido Química, y esta vez fue Física. Mi confianza en mí mismo se vio sacudida, pero decidí enfrentar mis demonios. Comencé a sentarme al frente del salón, hacer preguntas, e ir a la oficina del profesor, preparado con preguntas específicas sobre sus clases. Desarrollé una buena relación con mi profesor de Física, el doctor Andrés Rodríguez, un cubano de baja estatura que siempre llevaba un puro sin encender en la boca. El doctor Rodríguez sabía que yo tenía dificultades, y me advirtió que las clases de física separaban a los "aspirantes" a ingenieros de los ingenieros de verdad.

Un día, durante sus horas de oficina, el doctor Rodríguez sonrió y me dijo:

—Sé que tienes dificultades con mi clase, pero puedo ver que eres muy trabajador.

—Bueno, sí . . . —murmuré.

—José, tengo fe absoluta en ti. Estoy seguro de que te irá bien en mi clase.

Tenía razón: obtuve B+ y tuve un promedio general de 3.2 para todas mis clases en ese segundo semestre.

Como parte del programa de Ingeniería en la Universidad del Pacífico, tuve que participar en algo llamado "nombramiento cooperativo" para trabajar como becario en una compañía. La compañía que más me interesaba era el Laboratorio Nacional Lawrence Livermore, en parte porque se enfocaba en investigación científica básica y desarrollo. Después de una estresante entrevista de trabajo, recibí una carta de aceptación para mi primer nombramiento cooperativo en el Lawrence Livermore. Iban a pagarme, así que no tendría que volver a trabajar en los campos en el verano. Genial, ¿no?

CAPÍTULO 8

Nunca rendirse

La euforia de trabajar y aprender en Lawrence Livermore duró poco, porque la oficina de apoyo financiero de la universidad decidió deducir de mi estipendio la cantidad de dinero que ganaría en el laboratorio. Aún peor: la universidad iba a cobrarme la colegiatura completa durante el semestre de mi nombramiento cooperativo. Me pareció muy injusto. Sin embargo, aún estaba feliz de haber conseguido mi primer nombramiento cooperativo de seis meses en el Laboratorio Nacional Lawrence Livermore. Más de 12 mil personas trabajaban en las instalaciones del laboratorio. Más de 120 estudiantes de muchas universidades de Estados Unidos trabajaban ahí, y organizaban actividades como conferencias, recorridos, parrilladas y salidas a diversos lugares, entre ellos el Laboratorio Lawrence Berkeley en el campus de la Universidad de California-Berkeley. El hecho de que el programa cooperativo de la Universidad del Pacífico alargara nuestro programa de Ingeniería de cuatro a cinco años parecía justo. Nos permitía a los ingenieros en formación trabajar con ingenieros de carrera, obtener valiosa experiencia laboral y aprender cómo era la ingeniería de verdad. Me fue tan bien durante mi nombramiento cooperativo que me invitaron a volver al laboratorio para mi segundo nombramiento.

Día 6 de vuelo

El Día 6 de vuelo constó de más operaciones conjuntas entre ambas tripulaciones, incluyendo la tarea principal de continuar vaciando el MPLM, que contenía más de siete toneladas de equipo. Otros miembros de la tripulación conjunta continuaron con la activación del cuartel. Fue también un día lleno de eventos de relaciones públicas. Danny Olivas y yo fuimos muy solicitados para entrevistas, pues era la primera vez que dos hispanoamericanos formaban parte de la tripulación de un mismo transbordador. También me buscaban los medios de comunicación en español, e incluso me entrevistó un noticiario de la Ciudad de México. Recuerdo que estaban muy emocionados de que yo twitteara en español, y dijeron que todos los días comentaban nuestra misión y, sobre todo, todo lo que yo publicaba en Twitter.

Una vez terminadas las actividades del día, llegó la hora de preparar al segundo equipo que trabajaría fuera de la estación. Mientras repasaban los procedimientos con Control de Misiones en Houston, un par de nosotros nos aseguramos de preparar los trajes, cascos, guantes, botas y herramientas que necesitarían para la caminata espacial del Día 7.

Día 7 de vuelo

El día empezó con Danny Olivas y Christer Fugle-sang, un astronauta sueco, realizando la segunda caminata espacial de la misión STS-128. Danny y Christer completaron el reemplazo del Conjunto de Tanque de Amoniaco (ATA) con uno nuevo. El ATA que movieron entre los dos pesaba 1,800 libras, la mayor masa movida por astronautas hasta la fecha. Después de instalarlo, pasaron a otras tareas mientras los operativos dentro de la estación integraban el ATA recién instalado a sistema de enfriamiento. Entre las otras tareas que realizaron estaba instalar cubiertas protectoras de lentes y cámaras B en el Sistema de Manipulación Remota, también conocido como el brazo robótico de la estación. Mientras Danny y Christer estaban afuera, nosotros estábamos ocupados con la transferencia de artículos desde y hacia la cubierta media del transbordador. La segunda caminata espacial duró seis horas y treinta minutos.

Día 8 de vuelo

Nuestras tareas del Día 8 de vuelo fueron ligeras en comparación con los días anteriores. Durante la primera parte del día estuvimos fuera de servicio, lo que significa que tuvimos tiempo libre para hacer tareas personales, tomar fotografías y, en mi caso, disfrutar la experiencia. Estábamos a más de la mitad de la misión, y aún no podía creer que estuviera en el espacio. Jamás me cansaría de flotar e impulsarme como Superman.

Tomé fotos para mi familia, apoyándome contra la ventana, con la Tierra en el fondo. También me tomé fotos de "héroe" con objetos que había llevado a bordo, entre ellos mi bandera de los Raiders de Oakland. La Oficina de Relaciones Públicas de la NASA había programado una sesión de fotografías para las dos tripulaciones y una conferencia de prensa. Más tarde continuamos con la tarea diaria de transferir artículos desde y hacia el MPLM, mientras la tripulación de la estación calibraba el sensor de H2 en el Sistema Generador de Oxígeno. Tim Kopra continuó traspasando sus labores de la estación espacial a la nueva miembro de la Expedición, Nicole Stott. Y una vez más, comenzamos a preparar los trajes espaciales para que Danny y Christer caminaran fuera de la estación por última vez el Día 9. Ésa sería la más larga de las tres caminatas espaciales. Después de la cena, Christer y Danny se prepararon para pasar la noche en el compartimento estanco Quest. Una vez que estuvieron sellados ahí, los demás nos fuimos a descansar.

"Otro día largo pero satisfactorio en el espacio", pensé mientras sacaba mi bolsa de dormir, ataba sus cuatro esquinas a las estructuras de la estación y me metía para tomar un merecido descanso. Mientras flotaba en mi bolsa de dormir, comencé a pensar en el primer día que pude llamarme oficialmente ingeniero.

El día de la graduación en la Universidad el Pacífico llegó en mayo de 1985, y me emocionó mucho que mis estudios de grado estuvieran llegando a su fin. Aunque la transición de la preparatoria a la universidad había sido difícil, me gradué *Cum laude*, que en latín quiere decir "con honores". Mis padres estaban radiantes de orgullo cuando me vieron con la toga y el birrete. Encima del birrete de graduación había colocado un letrero que decía "¡Gracias, Mamá!" También estaba feliz porque el Laboratorio Nacional Lawrence Livermore me había ofrecido un trabajo de ingeniero de tiempo completo, con un salario increíble. Sin embargo, tenía un conflicto. La Universidad de California en Santa Bárbara me había aceptado en su programa de Ingeniería Eléctrica de posgrado, con una beca completa. Luego me enteré de que el laboratorio nacional había influido en mi selección para dicha beca, y que querían que tuviera esa gran oportunidad de estudiar en uno de los mejores programas de posgrado de ingeniería.

El posgrado en la Universidad de California en Santa Bárbara fue una de las mejores experiencias de mi vida. Fue la primera vez que no tuve que trabajar e ir a la escuela. Mi beca pagaba mi alojamiento en un departamento que compartía con otros dos estudiantes, graduados de la Universidad del Pacífico. Incluso me quedaba dinero para pagar mis libros y comida. Las clases eran difíciles, pero tenía todo el tiempo del mundo para dedicarme a mis estudios, y eso marcaba una enorme diferencia. Me gradué con honores y desarrollé grandes amistades con estudiantes y profesores por igual. Cuando me gradué de la maestría, recibí una nueva oferta de trabajo del laboratorio, que incluía un considerable aumento salarial.

Cuando volví al laboratorio, me asignaron al Grupo de Química y ciencia de Materiales, dirigido por mi ex jefe, Mike. De inmediato comencé a trabajar en el programa de láser de rayos x, el cual estaba desarrollando un láser de rayos x que funcionaba con energía nuclear y que se utilizaría en el espacio para deshabilitar misiles nucleares soviéticos (aún estábamos en la Guerra Fría). Estaba feliz de trabajar en ese programa, porque tenía que ver con el espacio. Era un proyecto de alto perfil y de alta prioridad, en el que ayudé a desarrollar métodos para evaluar materiales con novedosas técnicas de imagen. Sin embargo, aproximadamente a los cinco años de ese programa, la Unión Soviética se desplomó, en 1991. Con el fin de la Guerra Fría, dejó de existir justificación para proyectos tan caros como el programa de láser de rayos x.

Con el fin de grandes proyectos como éste, surgió preocupación sobre el futuro de los laboratorios nacionales, sobre todo los dedicados a la defensa nuclear, como el Lawrence Livermore y el Laboratorio Nacional Los Álamos, en nuevo México. Así pues, comenzamos a trabajar en maneras de transferir el conocimiento adquirido en tiempos de guerra a tiempos de paz. Nuestra nueva misión era asociarnos con la industria privada y hacer a las compañías estadounidenses más competitivas en los mercados globales.

El administrador sustituto del programa del láser de rayos x, Clint Logan, y yo, nos concentramos en el proceso que habíamos utilizado para evaluar los materiales del láser de rayos x. Pensábamos que este proceso podía aplicarse a los escaneos médicos. Investigamos un poco y nos convencimos de que no sólo teníamos la tecnología para construir un mejor sistema de rayos x para detectar el cáncer de mama, sino que también podíamos hacer la conversión del proceso del viejo sistema de película y pantalla para producir imágenes digitales. Laura Mascio, una ingeniera biomédica del laboratorio, completó el equipo y dirigió el desarrollo del diagnóstico asistido por computadora. El equipo era pequeño, pero eficaz.

Todos sabían que mientras más pronto se detectara el cáncer, más probabilidades había de que la persona se curara, y eso era justo lo que nuestro sistema proponía hacer. Clint y yo escribimos una propuesta para desarrollar esta tecnología, y recibimos 6 millones de dólares para trabajar con una pequeña compañía de Denver, llamada Fisher Imaging. Los resultados fueron mejores de lo que habíamos imaginado. Logramos poner en el mercado un sistema de mastografía llamado Senoscan, que ayudó a Fisher Imaging a ganar 100 millones de dólares al año en ventas.

Nuestro proyecto fue el estandarte de la comunidad de transferencia de tecnología, y trajo al laboratorio una publicidad positiva muy necesaria. Una vez que el proyecto llegó a su fin, me ascendieron a un puesto administrativo. Me ofrecieron el viejo puesto de Mike como líder del Grupo de Química y Ciencias de los Materiales, y lo acepté. Ahí dirigí a unos cuarenta ingenieros y técnicos en ciencias ambientales, armas y láseres, entre otros programas. Disfruté trabajar como administrador y ayudar a desarrollar las carreras de los miembros de mi grupo, pero también echaba de menos estar en las trincheras y hacer el trabajo técnico. Pensé que aún era demasiado joven para que esa carrera administrativa se volviera permanente. Después de unos dos años en ese puesto, por fin encontré la oportunidad ideal para regresar al trabajo técnico.

En el Laboratorio Internacional Lawrence Livermore nos involucramos en el programa estadounidense-ruso para dar al uranio enriquecido de las bombas nucleares rusas usos pacíficos, por ejemplo en reactores nucleares. Básicamente, después de la Guerra Fría no había razón para que Rusia —ni Estados Unidos, para el caso— tuviera tantas bombas nucleares, y yo fui reclutado en el equipo que convertía megatones de uranio enriquecido en megavatios de energía. Después de dirigir el trabajo en el Laboratorio Nacional Lawrence Livermore y hacer aproximadamente una docena de viajes a las cuatro principales plantas nucleares rusas, en Siberia, me reclutaron para un trabajo en Washington, DC. El trabajo requería un compromiso de dos años para trabajar en el Departamento de Energía de los Estados Unidos.

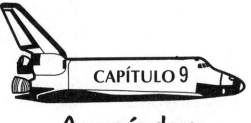

Acercándome

Hicimos nuestras maletas y la familia se mudó a la capital del país. El programa en el que me habían reclutado era parte del Departamento de Energía de los Estados Unidos: el Programa de Protección, Control y Responsabilidad de Materiales, cuya misión era ayudar a los rusos a asegurar sus reservas de materiales nucleares. Involucraba trabajar con ellos en las instalaciones nucleares e instalar sistemas de monitoreo de alta tecnología para que los rusos tuvieran el control total de sus materiales nucleares. Al trabajar con los rusos durante esa era de transición, estábamos logrando dos metas principales. En primer lugar, hacíamos que fuera mucho más difícil que los materiales con potencial armamentístico cayeran en manos de naciones hostiles y grupos terroristas. En segundo lugar, ayudábamos a que los ingenieros y científicos rusos tuvieran empleos bien pagados, para que no fueran reclutados o se vieran tentados a ofrecer sus conocimientos a otra gente fuera de su país.

Día 9 de vuelo

Caí en la cuenta de que el Día 9 era el principio del fin de nuestra misión de catorce días. Para ese día estaba programada la última caminata espacial, durante la cual Danny y Christer instalarían dos antenas de GPS, desplegarían el nuevo Sistema de Acoplamiento de Carga a Estribor, el Conjunto de Giroscopio de Ritmo, y tenderían los cables aviónicos del Nodo 3. Aunque tenían otras responsabilidades en la misión, el trabajo fuera de la estación, en el espacio, era, por mucho, lo más complejo y peligroso. Todos quedamos aliviados cuando terminaron su trabajo. La tripulación conjunta de la estación y el transbordador continuó con la transferencia e instalación de equipo, pero en el Día 9 nos enfocamos en transferir artículos que ya no se usaban en la estación espacial, como equipo usado, experimentos, ropa y basura. Conforme se acercaba el día de nuestra partida, noté que habíamos comenzado a comer en grupos cada vez más grandes, que incluían a miembros de ambas tripulaciones. También descubrí que ahora apreciaba más estar en el espacio. Tal vez fuera porque me había vuelto más eficiente para navegar entre la estación y el transbordador, o porque tenía más tiempo para mirar por las ventanas y ver con asombro nuestro hermoso planeta cada noventa minutos. Fuera lo que fuera, ése fue el primer día que sentí que podía tomarme el tiempo de asimilarlo todo.

Día 10 de vuelo

En el Día 10 de vuelo nuestras responsabilidades fueron relativamente leves. Las actividades principales constaron de transferir muestras experimentales congeladas, de la estación al frigorífico Glacier del transbordador. Los resultados de esos experimentos ayudarían a los científicos a desarrollar métodos para evitar la pérdida de densidad ósea y la atrofia muscular que afectan a los astronautas en misiones espaciales de larga duración. Fue también el último día para transferir artículos dentro y fuera del Módulo de Logística Multiusos "Leonardo". Al día siguiente completaríamos en procedimiento de cierre del módulo, y cerraríamos la escotilla para poder transferirlo de vuelta a la bodega de carga del transbordador por medio del brazo robótico. Yo estaba muy emocionado, porque la mayor parte de la responsabilidad de operar el brazo robótico caía en mí.

El Departamento de Energía nos mudó a mi familia y a mí a la zona de Washington, DC. Elegimos vivir en Maryland, donde había un distrito escolar excelente. El mayor de nuestros cuatro hijos, Julio, estaba entrando a la primaria. Dos semanas después de acostumbrarme a mi viaje en metro hasta el centro de Washington, DC, recibí una carta de la NASA. A diferencia de las cinco cartas de rechazo anteriores, me informaría que la NASA revisaría mi solicitud con mayor atención. La carta afirmaba que aproximadamente trescientos solicitantes serían sometidos al proceso de filtración, y que cien de ellos serían seleccionados para la lista final de candidatos a astronautas.

Me emocionaba seguir en la carrera esta vez, considerando que habían entrado más de 14,000 solicitantes. Era mi sexto año como solicitante, y la NASA por fin estaba fijándose en mí. Dos meses después recibí una llamada telefónica de la Oficina de Selección de Astronautas y una carta que confirmaba que había pasado a la siguiente fase del proceso de selección. ¡Había llegado a los cien candidatos finales! Estaría en uno de los cinco grupos de veinte que pasarían una semana en el Centro Espacial Johnson de la NASA, en Houston, Texas. Durante esa semana seríamos sometidos a pruebas físicas, psicológicas y de aptitud. Entre las pruebas, recorreríamos las instalaciones de la NASA y visitaríamos a los astronautas para tener una mejor idea de lo que involucraba ser uno de ellos.

Cuando llegó mi semana en la NASA, llegué un domingo al Centro Espacial Johnson, ubicado en la zona de Clear Lake en Houston. Ese lunes por la mañana, los veinte candidatos de mi grupo nos conocimos formalmente y recibimos un informe de las actividades de la semana. Todo salió muy bien, aunque la prueba psicológica me pareció muy larga y repetitiva. Contenía más de 1,400 preguntas, y duró más de cuatro horas. La prueba física también fue muy detallada.

El único ámbito en el que tuve dificultades fue la prueba de percepción ocular de profundidad, que constaba de mirar por un aparato parecido a un microscopio, llamado examinador de percepción de profundidad. Tenía que mirar, a través de los lentes, cinco círculos, y decirle al optometrista qué círculo estaba fuera de plano. Recuerdo que al principio no podía distinguir el círculo fuera de plano, y comencé a entrar en pánico.

En el informe inicial nos habían dicho que, en promedio, 20 % de los candidatos entrevistados quedaban descalificados por razones físicas o médicas. El optometrista fue muy amable y me dijo que tratara de enfocar, respirara profundo y me relajara. Después de unos cinco minutos, comencé a identificar el círculo fuera de plano, y pude terminar toda la secuencia.

—Muy bien, acertó —anunció el optometrista, para mi alivio. "Eso estuvo cerca", pensé.

Pasé el resto de las pruebas sin ningún problema notorio, y terminé la semana con la entrevista. El panel de entrevistadores constaba de dieciocho individuos, entre ellos astronautas, directores y administradores del cuartel general de la NASA en Washington, DC. La conversación fluía con libertad, pues me exhortaron a hablar sobre mí mismo. La hora pareció pasar mucho más rápido de lo que había imaginado.

Una vez que los cinco grupos de veinte fueron entrevistados, la espera comenzó. Pasaría un periodo indeterminado antes de que recibiéramos los resultados. No fue sino hasta seis o siete meses después de que el último grupo fuera entrevistado que las llamadas por fin empezaron a llegar. Yo no resulté seleccionado, pero me dijeron que era un candidato fuerte y que debía seguir intentándolo. Me sentí muy decepcionado. En una llamada de seguimiento, el jefe de la Oficina de Selección de Astronautas, Duane Ross, me dijo que el principal problema era que yo era un desconocido y me faltaba experiencia operacional. Me ayudaría conseguir un empleo en el Centro Espacial Johnson de la NASA en Houston, me dijo. En esencia, me ofreció un premio de consolación. Sin embargo, recalcó que si aceptaba el empleo, eso de ninguna manera garantizaba que me invitarían a ser finalista. En otras palabras, todos los años mi solicitud iría al montón y sería juzgada por sus méritos. La oferta de empleo era para el departamento de ingeniería del Centro Espacial Johnson. Le expliqué a Duane que no podía aceptar de inmediato porque tenía un compromiso de dos años con el Departamento de Energía. Concluí la conversación diciendo que esperaba que eso no redujera mis posibilidades para la selección de la siguiente generación de astronautas.

De regreso en mi trabajo en Washington, DC, continué viajando a la campiña siberiana. Me faltaban pocos meses para completar mi labor de dos años, y mi esposa Adelita y yo estábamos ansiosos de volver a California. Era difícil estar lejos de nuestras familias, sobre todo con cuatro hijos pequeños que extrañaban a sus abuelos. De la nada, recibí otra carta de la NASA, que me informaba que, una vez más, era uno de los cien finalistas. De nuevo, me dieron la fecha de mi semana de entrevista. Esta vez llegué con mucha más cautela y bajé mis expectativas, pues aún recordaba mi experiencia anterior y lo devastador que había sido escuchar que no fui seleccionado. Una vez más, visité el Centro Espacial Johnson por una semana y atravesé una serie similar de pruebas y exámenes. Cuando llegó el día de las llamadas telefónicas, me informaron que no había sido seleccionado. Estaba decepcionado, pero esta vez lo tomé mucho mejor. Cuando Duane Ross hizo la llamada de seguimiento, volvió a recalcar la importancia de que aceptara el empleo en el Centro Espacial Johnson. Si aceptaba el empleo en la NASA en Houston, ganaría entre 10 y 15 por ciento menos que mi salario de ese momento. Era una decisión difícil para mí y para mi familia. Sabía que si no aceptaba la oferta de trabajo en la NASA, era más que probable que no me consideraran en futuras selecciones. "En la vida hay que asumir riesgos calculados", pensé, y ése era un riesgo que la familia y yo estábamos dispuestos a correr.

Sin embargo, era una decisión familiar, no sólo mía. Mi conversación con Adelita salió sorprendentemente bien. Ella tenía hermanos en Port Arthur, no muy lejos de Houston, y le parecía que no se sentiría sola en Texas. Además, no le preocupaba la reducción salarial: siempre había administrado nuestros presupuestos familiares con cuidado. Estaba decidido: ¡En vez de volver a California, nos mudaríamos a Houston, Texas!

Día 11 de vuelo

Por fin terminamos de transferir e instalar las 7 toneladas de equipo en la estación espacial. Era el momento de desactivar el Módulo de Logística Multiusos (MPLM), cerrar su escotilla, desacoplarlo y devolverlo a la bodega de carga del transbordador. Yo era el principal operador del brazo robótico responsable de esa tarea. Una vez que hube terminado, me uní a

Nicole Stott y participé en un evento de relaciones públicas que involucraba entrevistas en vivo.

Como estábamos tan ocupados con nuestros cronogramas, por lo general comíamos en grupos de tres o cuatro; pero esa última noche, ambas tripulaciones se reunieron para una gran cena. Todos compartimos nuestras comidas rusas y estadounidenses. Los rusos almacenaban sus alimentos en latas, por lo que pudieron ofrecernos varias carnes y pescado. Nosotros les compartimos nuestros paquetes de comida lista para comerse, incluyendo cóctel de camarones, pollo con arroz y fresas con crema de postre. Después de la cena tuvimos una ceremonia de despedida.

Luego la tripulación de la estación espacial, que ahora incluía a Nicole Stott, cerró su escotilla. Hicimos lo mismo y despresurizamos el Adaptador de Acoplamiento Presurizado 2. La última actividad del día fue que yo revisara las herramientas de encuentro en las computadoras portátiles de a bordo, para asegurar que estuvieran listas para usarse a primera hora al día siguiente.

Día 12 de vuelo

El Día 12 de vuelo era especialmente importante. Nos desacoplamos con éxito de la Estación Espacial Internacional y, lento pero seguro, nos alejamos de ella. Los dos pilotos encendieron los Propulsores del Sistema de Control de Reacción mientras yo miraba las pantallas y anunciaba ritmos, velocidades, distan-

cias e información de la trayectoria. Así como el acoplamiento con la Estación Espacial Internacional
había sido un reto, esta maniobra requirió bastante
tiempo y concentración de todos los miembros de la
tripulación. Para aumentar la complejidad de la
maniobra, el comandante y el piloto no sólo tenían
que desacoplar el transbordador y alejarlo una distancia segura, sino que también debían dar una vuelta de
360 grados a la estación espacial. Esto se hacía para
que pudiéramos tomarle fotografías de alta resolución
desde todos los ángulos, para que los ingenieros en
tierra pudieran inspeccionarlas en busca de cualquier
daño externo, del mismo modo que la estación espacial lo hizo por nosotros cuando atracamos.

   Después del recorrido alrededor de la estación, los
pilotos realizaron dos impulsos de separación con los
propulsores RCS. Poco después de estos impulsos, y a
una distancia segura de la estación, Kevin, Christer y
yo conectamos el brazo robótico del transbordador al
Sistema de Sensores del Brazo del Orbitador y comenzamos la inspección final de nuestro Sistema de Protección térmica.

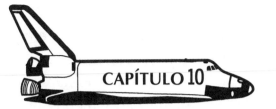

CAPÍTULO 10

Recibiendo la llamada

Una vez terminado el año escolar, por fin nos mudamos a nuestra nueva casa en la zona de Clear Lake, en Houston, era un suburbio junto al Centro Espacial Johnson. Nos mudamos el 6 de junio de 2001, el mismo día que la tormenta tropical Allison tocó tierra. Allison giró de manera continua alrededor del área de Houston y causó graves inundaciones. Recuerdo que a la mañana siguiente de la mudanza desperté y encontré nuestra calle completamente inundada. Nuestra casa estaba un poco elevada, y Allison derramó suficiente agua para cubrir el tercer y último escalón que subía de la calle a la casa. Nuestra casa recién comprada estuvo peligrosamente cerca de convertirse en un pantano. ¡Eso estuvo cerca!

Pronto establecimos una rutina en nuestro nuevo hogar, y empecé a trabajar en la rama de Materiales y Procesos del Departamento de Ingeniería del Centro Espacial Johnson. El trabajo técnico fue un cambio agradable; habían pasado algunos años desde que trabajé evaluando materiales que fallaban en operación. Para hacerlo necesité usar ultrasonido, rayos x, microscopios de barrido electrónico y otras herramientas y técnicas. Trabajé con un magnífico equipo de ingenieros y técnicos de la NASA, dedicados al vuelo espacial humano. Su dedicación pronto sería puesta a prueba. A los ocho meses de trabajo me convertí en el jefe activo de la rama: dirigía un grupo de cuarenta científicos, ingenieros y técnicos. Todo iba de maravilla hasta un fatídico sábado por la mañana. Estaba viendo la televisión en casa cuando apareció un reporte de que algo había salido mal en el transbordador espacial Columbia. La nave estaba terminando su misión de vuelo espacial y debía volver a casa ese día. Quedé impactado: ¡Había ocurrido una falla catastrófica! Las imágenes de la televisión mostraban al Columbia estallando en pedazos en algún lugar sobre el norte de Texas.

Fui directo a mi oficina de la NASA, donde poco a poco los miembros de mi rama se reunieron en la sala de conferencias. Vimos juntos las noticias. Ese día, más tarde, la NASA comenzó a enviar gente a varias partes del norte de Texas y Luisiana para comenzar a recolectar los miles de pedazos del transbordador destruido. Sobra decir que los siete miembros de la tripulación murieron en ese accidente. Pronto se dispuso un hangar con el contorno del transbordador dibujado en el suelo, para colocar todos los pedazos y reconstruir el accidente. Nuestro departamento de ingeniería trabajó en dos frentes de la investigación: primero, la evaluación de pedazos claves del transbordador y, segundo, la recreación de la causa del accidente. Sospechába-

mos que un trozo de espuma aislante se había despren-
dido del tanque externo y había golpeado la orilla del
ala, causando suficiente daño para que al reingresar el
transbordador a la atmósfera, el plasma caliente entrara
a la estructura interna del ala y provocara la catastrófica
falla. Se construyó la porción frontal de un ala de transbordador, con especificaciones exactas, y, con un
cañón de aire de alta velocidad, se disparó un trozo de
espuma aislante de tamaño similar al que fue filmado
desprendiéndose del tanque externo e impactando
contra el ala. Después de unas cuantas pruebas repeti-
bles, demostramos que el impacto recreado había cre-
ado grietas que serían puntos de entrada para que el
plasma caliente penetrara el compuesto de carbono de
las alas. Por medio de sofisticadas pruebas de ingeniería, habíamos llegado a la causa de raíz.

Meses después, la NASA anunció que elegiría una
nueva generación de astronautas. No habían elegido
una nueva generación en cuatro años; ya era hora.
Tuve una vez más la fortuna de llegar a la lista final de
cien candidatos. Sería mi tercera vez, y mi duodécima
solicitud. Aunque la NASA no discrimina por edad,
sabía que a cierta edad dejarían de invitarme a ser
candidato, por razones prácticas. Ya tenía 41 años, así
que pensé que era ahora o nunca. Durante mi semana
de entrevista pasé por el proceso que ya me era muy
familiar. Muchos miembros del comité de selección
me conocían, porque les había proporcionado apoyo
de ingeniería o reportes sobre los resultados finales de

la investigación del accidente del Columbia. Terminé la semana con mucho optimismo, pero pronto volví a mis deberes de jefe de rama.

Pasaron unos meses, y me enfrasqué tanto en mi trabajo que apenas pensé en mi candidatura a astronauta. Entonces llegó por fin el gran día. Estaba sentado en mi oficina en el Centro Espacial Johnson cuando recibí una llamada del director Bob Cabana. Hizo un poco de plática banal y luego me preguntó algo que, de inmediato, me hizo saber que ésa era la llamada telefónica que había esperado toda mi vida:

—José, ¿eres reemplazable como jefe de rama?

—Todos somos reemplazables, Bob. Si he hecho bien mi trabajo de instruir a algunos miembros de mi rama, la transición debe proceder sin problemas.

Debe haberle gustado la respuesta, porque dijo:

—Bien, porque me gustaría darte la bienvenida al cuerpo de astronautas.

Me alegré de estar sentado, porque las piernas me temblaban y me quedé sin habla.

—Muy bien, entonces —dijo el director Cabana—. Pero tienes que prometer que no se lo dirás a nadie hasta el anuncio oficial en mayo.

—Bueno, ¿al menos puedo decírselo a mi esposa y a mis padres?

—Sólo si pueden guardar el secreto.

Después de recuperar la compostura, salí de la oficina, subí a mi auto y me fui a casa. Tenía que darle la noticia en persona a mi esposa, Adelita, y llamar a mis padres en California. Cuando entré a la casa, Adelita pensó que llegaba temprano para comer. Le di la gran noticia, nos abrazamos y lloramos. Luego llamamos a mis padres. Se sintió muy bien compartir eso con mi esposa y mis padres, que no me habían dejado renunciar a mi sueño. Adelita me había seguido a Washington, DC, luego a Houston, y había sacrificado mucho para que llegáramos a ese punto. Mis padres me habían dado la licencia para soñar en grande. Me habían dado la receta para el éxito y un ambiente favorable que me permitió progresar en la escuela.

Día 13 de vuelo

Apenas podía creer que estuviéramos empezando nuestro Día 13 en el espacio; se sentía como si acabáramos de llegar. Ahí estábamos, los siete que habíamos pasado casi dos años entrenando para esa misión, compartiendo la misma oficina e interactuando con nuestras familias. "Éramos un grupo muy unido, y eso estaba por terminar", pensé. La única diferencia a nuestro regreso era que Nicole Stott se había quedado atrás, como parte de la tripulación de la estación espacial, y Tim Kopra volvería a casa con nosotros tras sus tres meses en el espacio.

En el día 13, nuestro comandante, CJ, y el piloto, Kevin, realizaron las pruebas de rutina del Sistema de Control de Vuelo, el Control de Reacción y el sistema de comunicación aire-a-tierra. Desactivamos el sistema de cámaras que habíamos usado para inspeccionar el sistema de protección térmica en la parte inferior del transbordador, la nariz y las orillas de las alas. También guardamos la antena Ku-Band que habíamos desplegado en nuestro primer día de vuelo y que usamos para algunas de nuestras comunicaciones. Pasamos la última parte del día revisando procedimientos de aterrizaje y lanzando vistazos rápidos al pronóstico del clima para el día de nuestro aterrizaje. Las cosas no se veían bien en el Centro Espacial Kennedy: había nubes bajas y 80 % de probabilidad de tormentas eléctricas. Aunque las posibilidades de aterrizar el Día 14 no parecían muy altas, aún debíamos perseverar y esperar que el clima mejorara y nos permitiera aterrizar. Hacia el final del día tuvimos un poco de tiempo libre para filmarnos y tomarnos más fotos de héroe. También jugamos con nuestra comida y filmamos cómo se comporta el agua en el espacio sin gravedad.

Día de vuelo 14

Nuestro último día en el espacio llegó demasiado pronto. El Discovery debía aterrizar en el Centro Espacial Kennedy a las 19:04 EDT, pero, tal como había predicho el pronóstico del clima, el aterrizaje se pospuso debido a condiciones climáticas desfavorables. Las reglas de vuelo exigían que orbitáramos la tierra una vez más y esperáramos una segunda oportunidad para ver si las condiciones del clima mejoraban. Nuestra nueva hora de aterrizaje eran las 20:40 EDT.

Por desgracia, el clima seguía sin cooperar, y nuestro aterrizaje tuvo que retrasarse un día. Esto nos dio un día extra en el espacio. Como casi todas nuestras cosas estaban guardadas para el aterrizaje, el centro de control no podía darnos suficientes tareas para mantenernos ocupados. Esto nos dio mucho tiempo para reflexionar sobre nuestra experiencia en el espacio y apreciarla de verdad. Seguimos tomándonos fotos y filmando experimentos de "¿Qué tal si hacemos esto en microgravedad?" Después de nuestro día de diversión en el espacio, nos preparamos para ir a dormir. Me puse a pensar en lo bien que había salido nuestra misión como resultado de nuestro buen entrenamiento de los últimos dieciocho meses, y en el largo pero agradable viaje que había sido mi vida hasta ese punto.

Comienza el entrenamiento

El 6 de mayo de 2004 fuimos presentados al público como la decimonovena generación de astronautas. Cada generación tenía un nombre, y nosotros éramos los Pavorreales. Según la tradición, las generaciones anteriores debían aprobar el nombre, así que no podía ser algo demasiado ostentoso como Águilas o Halcones. La generación de 1996 eran las Sardinas, y la de 1998 los Pingüinos, porque las generaciones anteriores creían que nunca volarían al espacio. Nosotros éramos los pavorreales porque son aves presumidas que apenas pueden volar. No nos encantaba el nombre, pero podría haber sido peor. ¡Podrían habernos llamado Dodos, un ave extinta que no podía volar!

Ese verano todos nos reportamos al Centro Espacial Johnson para un informe de una semana y un recorrido exhaustivo de las instalaciones de entrenamiento para vuelo espacial tripulado. También nos llevaron al Campo Aéreo Ellington, donde la NASA guarda unos veintiocho jets de entrenamiento T-38, que son parte de su currículum de entrenamiento continuo; los candidatos a astronautas debían volar un mínimo de horas como pilotos e ingenieros de vuelo para acostumbrar-se a trabajar juntos como tripulación.

Cuando llegamos al Campo Ellington, nos dieron nuestros overoles azules y chamarras de la NASA. Recuerdo que ese día fui a casa emocionado por pro-bármelos. Me miré en el espejo de cuerpo completo de mi esposa y traté de descubrir para qué servían todos los cierres y bolsillos. Mientras disfrutaba el momento, mi hija de cinco años, Yesenia Marisol, entró a la habitación. Esperaba que dijera algo como que yo era su héroe ahora que era astronauta. Inclinó la cabeza hacia un lado y luego hacia el lado opues-to, con una expresión de perplejidad. Levantó un brazo, me señaló con el dedo índice y exclamó:

—¡Papi, te ves como Papá Pitufo!

¡Con un solo comentario, Yesi me trajo de regreso a la tierra! Me siento muy agradecido de que mis hijos, mi esposa, mis padres y mis hermanos siempre me hayan ayudado a mantener los pies en la tierra y nunca me han dejado olvidar de dónde vengo.

Poco después de la orientación, nos enviaron a Pensacola, Florida para tomar un curso condensado de entrenamiento de vuelo con aviones T-34C turbo. Antes de subir a los aviones, tuvimos que pasar por el entrenamiento básico de sobrevivencia, que incluía sobrevivencia en el agua y salto en paracaídas. Des-pués de eso entrenamos como pilotos e ingenieros de vuelo en los T-34C.

Aunque el trabajo era pesado, no me pareció difícil. Sin embargo, el entrenamiento de sobrevivencia en el agua fue distinto. Nunca había tomado clases de natación, y uno de los primeros ejercicios fue avanzar en el agua por cierto tiempo, con todo el traje de piloto puesto. Créanme, con el peso de las botas, el casco y el traje, es difícil mantenerse a flote. Teníamos en nuestra generación a Chris, un Navy Seal, y por supuesto que él lo hacía parecer fácil. Después vino el reto de nadar cierta distancia en cierto tiempo, con el equipo encima. Una vez más, fue un reto para mí. Debo admitir que fui de los últimos en terminar, aunque me enorgullece decir que no fui el último.

El mayor reto fue el ejercicio del *helio dunker*: seis de nosotros nos metíamos en el fuselaje vacío de un helicóptero y nos sujetábamos con un arnés de cinco puntos. Luego el fuselaje se sumergía lentamente en quince pies de agua; justo antes de llegar al fondo, el fuselaje rotaba 180 grados ¡y llegábamos de cabeza al fondo de la piscina! Sólo entonces se nos permitía soltarnos, tomar una de las tres salidas disponibles y nadar a la superficie, con todo el equipo puesto. Obviamente, teníamos que contener el aliento durante todo el proceso, y había buzos para ayudarnos si teníamos problemas, y para asegurar que no hiciéramos trampa soltándonos del arnés antes de tiempo. Hicimos el ejercicio una vez, y luego una segunda vez, en la que tuvimos que entrecruzarnos y trabajar en equipo para buscar las salidas. Estábamos muy emocionados cuando terminamos esa parte del ejercicio, pero entonces nos anunciaron que habría un tercer y último *helio dunk*. ¡Esta vez, los instructores dieron a cada uno de nosotros un par de gogles de natación pintados de negro! ¡Tendríamos que salir del helicóptero sumergido a tientas! Después de completar a duras penas el ejercicio, terminamos el entrenamiento de sobrevivencia en el agua. ¡Gracias al cielo!

Después de estas lecciones, volvimos al Centro Espacial Johnson y tomamos el resto del currículum de 18 meses, que incluía volar los aviones entrenadores T-38 de la NASA. Aunque tenía experiencia de vuelo con una Cessna 152, pronto descubrí que en un jet todo ocurre mucho más rápido. La comunicación con los controladores y la torre debía ser breve y específica. Entonces supe lo que querían decir con "experiencia operativa". Como ingeniero, uno siempre quiere saber cómo y por qué funciona todo. En el mundo de las operaciones, se necesita llevar a cabo el proceso sin analizarlo demasiado, y debo admitir que tardé un poco en aprender a hacerlo. A pesar de eso, completé el entrenamiento de vuelo necesario para ser un ingeniero de vuelo eficaz. Pronto llegamos a volar con pilotos astronautas una o dos veces a la semana para asegurarnos de cumplir nuestras horas mínimas.

Mientras hacíamos entrenamiento de vuelo en el Campo Ellington, también tuvimos entrenamiento académico. Tomamos cursos sobre los varios sistemas del transbordador espacial: el sistema hidráulico, eléctrico, de control de vuelo, aviónico, de comunicaciones y de energía auxiliar, por mencionar algunos. Cada semana teníamos pruebas por escrito; era como tener exámenes finales de manera continua. Al mismo tiempo, tuvimos entrenamiento de simulación. Al principio fue un entrenamiento de un solo sistema, que nos exponía a diversas fallas: eléctricas una semana, hidráulicas la siguiente y así sucesivamente. Luego pasamos al entrenamiento de sistemas múltiples, que involucraba aprender los efectos de una falla de un sistema sobre otros sistemas. Finalmente pasamos al entrenamiento basado en movimiento de alta fidelidad, para el cual formamos una tripulación auxiliar de cuatro personas y nos turnamos para ser el comandante, el piloto, el MS1 o el MS2. Cada uno tenía responsabilidades bien definidas para manejar las fallas que se nos presentaban durante las simulaciones. Simulábamos ascensos, operaciones en órbita y aterrizajes.

Tras completar el entrenamiento académico para el transbordador, comenzamos el entrenamiento académico para la Estación Espacial Internacional, seguido de simulaciones de estación espacial. Al terminar los dieciocho meses estuvimos listos para los exámenes finales, que incluían pruebas escritas, orales y simulaciones completas. Teníamos que pasar todas las pruebas para que nos dieran nuestras alas y fuéramos elegibles para asignaciones de vuelo. Los equipos de entrenamiento hicieron un trabajo excelente; todos ganamos nuestras alas. Nuestras familias fueron al Centro Espacial Johnson y nos vieron recibir nuestros prendedores plateados de astronauta. En el futuro, algunos de nosotros recibiríamos un prendedor de oro, tras regresar de una misión espacial. Después de la ceremonia de los prendedores, se nos asignaron tareas técnicas de apoyo a misiones espaciales, mientras continuábamos participando en simulaciones de tripulación auxiliar y entrenamientos para la Estación Espacial Internacional, y volando los T-38. Todos recibimos una tarea principal y una secundaria. Mi tarea principal era ser parte de un equipo de cuatro astronautas llamado Personal de Apoyo a Astronautas. Mi tarea secundaria era representar a la Oficina de Astronautas en la Junta de Configuración de Computadoras Portátiles de a Bordo.

Nuestro trabajo de apoyo a astronautas era preparar el interior del transbordador espacial antes de cada lanzamiento y configurar la cabina de acuerdo con los requisitos del vuelo. Para esto, debíamos asistir a muchas reuniones para recolectar la información necesaria para cumplir los requisitos de la misión. Unos cuatro meses antes del lanzamiento, practicábamos en la plataforma del Centro Espacial Kennedy, y dos meses antes del lanzamiento teníamos un ensayo con la tripulación, con trajes completos. Finalmente, una semana antes, volvíamos a volar al Cabo, comenzábamos los preparativos finales para el lanzamiento real y esperábamos la llegada de la tripulación.

Ser miembro del equipo de apoyo a astronautas implicaba largas horas de trabajo y muchos viajes. Con esta responsabilidad, yo estaba en medio de la acción; me permitía obtener valiosa experiencia operativa. Viajábamos tanto al Centro Espacial Kennedy que teníamos nuestras propias habitaciones personales ahí, decoradas con fotos familiares y equipadas con un pequeño guardarropa de prendas de civil.

Participé en seis lanzamientos antes de que me asignaran mi primera misión. En el correo electrónico de bienvenida a la misión STS-128, el comandante de la tripulación, CJ, especificaba que la misión tenía tres objetivos principales. Primero haríamos un intercambio de tripulantes: Nicole Stott sería transferida a la Estación Espacial Internacional, y Tim Kopra vendría con nosotros. En segundo lugar, llevaríamos más de siete toneladas de equipo. Y en tercer lugar, realizaríamos tres caminatas espaciales para instalar parte del equipo en el exterior de la estación espacial, y haríamos preparativos de plomería y cableado para un módulo que estaba próximo a instalarse.

Justo cuando el entrenamiento estaba por comenzar, recibimos un correo electrónico de CJ, en el que nos asignaba nuestras responsabilidades. Me sentí aliviado de que no me asignara las caminatas espaciales, que no eran mi fuerte. En vez de eso, tuve la fortuna de ser nombrado ingeniero de vuelo MS-2, un puesto sumamente dinámico que trabajaba en conjunto con el comandante y el piloto. Cada miembro de la tripulación entrenó para sus tareas específicas para el lanzamiento, el vuelo, el acoplamiento con la estación espacial, nuestras labores individuales y grupales y el reingreso. Entre las tareas específicas que Kevin y yo tendríamos, estaba preparar a los astronautas para sus caminatas espaciales y revisar su sistema de soporte vital.

El entrenamiento para nuestra misión de catorce días duró dieciocho meses. Había muchas cosas por aprender, la mayoría de las cuales aprendimos en simulaciones de ascenso, reingreso, operaciones en órbita y caminatas espaciales. Conforme nuestro entrenamiento continuaba y nos volvíamos más aptos, el equipo de entrenamiento se complacía presentándonos fallas difíciles que podían ocurrir, especialmente durante el ascenso y el reingreso, cuando nuestro tiempo de reacción era crucial. El único problema era que acumulaban las fallas, de manera que necesitábamos actuar con rapidez y reconocer los efectos de las fallas de un sistema sobre otros sistemas. Por ejemplo, hacían fallar uno de los tres motores principales y, dependiendo del tiempo de la falla, debíamos decidir si los dos motores restantes tendrían suficiente potencia para alcanzar una órbita baja y abortar la misión con un aterrizaje transatlántico en Europa o, en el peor de los casos, volver al sitio de lanzamiento. Como si este problema no fuera lo bastante grave, añadían una falla de bus eléctrico y una falla hidráulica del tren de aterrizaje, seguidas de una falla en una unidad de energía auxiliar. En pocas palabras, el equipo de entrenamiento nos lanzaba todo encima para prepararnos para las peores posibilidades.

Era julio de 2009 y, conforme se acercaba la fecha del lanzamiento, nos sentimos más listos que nunca. Había tres novatos en la misión: Nicole, Kevin y yo, y los tres estábamos igual de emocionados de pensar que en unas pocas semanas estaríamos en el espacio, en un encuentro con la Estación Espacial Internacional. No podía creer que estuviera a punto de cumplir mi sueño de toda la vida.

Día 15 de vuelo

El último día llegó muy rápido, y una vez más comenzamos los preparativos para el aterrizaje. De nuevo, el pronóstico del clima no era muy favorable. Tenía la esperanza de que lo fuera, porque prefería aterrizar en el Centro Espacial Kennedy, donde nuestras familias estaban listas para darnos una bienvenida de héroes. Si había más retrasos, tendríamos que aterrizar en nuestro segundo o tercer sitio. Después de saber que el clima en el Centro Espacial Kennedy causaría problemas una vez más, control desde tierra decidió que aterrizáramos en nuestro sitio secundario, que era la base Edwards de la Fuerza Aérea en el sur de California.

Comenzamos nuestro protocolo de carga de fluidos, el cual requería que cada miembro de la tripulación consumiera una gran cantidad de fluidos en forma de agua, caldo de pollo o una bebida que sabía como una mala versión del Gatorade. Las tabletas de sal también eran parte de este protocolo. La carga de fluidos es necesaria porque, en un ambiente de microgravedad, el cuerpo pierde fluidos, sobre todo en las piernas. Al volver al ambiente terrestre de 1G, el cuerpo necesita estos fluidos para minimizar el efecto del mal de adaptación a la gravedad, que es lo opuesto al mal espacial.

CJ y Kevin introdujeron la información del objetivo en las computadoras de a bordo, en preparación para nuestro nuevo sitio de aterrizaje. A las 19:37 EDT, los pilotos iniciaron la salida de órbita del Discovery, con lo cual el transbordador disminuyó su velocidad hasta que la atmósfera terrestre lo atrapó, y así inició su descenso. En ese momento alcanzamos Mach 25, es decir que estábamos entrando al planeta a 25 veces la velocidad del sonido. Ya en tierra, nos darían parches de Mach 25 para coserlos a nuestros overoles azules de vuelo.

En comparación con el despegue, el reingreso me pareció decepcionante. Sentí que mi casco se volvía pesado cuando pasamos de cero a 1G, pero el viaje no estuvo tan mal. Hubo algo de turbulencia que podría describir como mala, aunque no peor que la que se siente al volar sobre las Rocallosas en una cálida tarde de verano. A mitad del vuelo todo se suavizó a tal punto que se sintió como un viaje común en avión. Mientras seguíamos nuestros procedimientos de aterrizaje, CJ nos alineó con la pista 22L, acercando el transbordador en un ángulo de 19 grados antes de realizar la maniobra de elevar la nariz del vehículo. A mi señal, Kevin revisó la válvula de aislamiento del tren de aterrizaje e inició el despliegue del tren. CJ hizo un gran trabajo y aterrizó el transbordador sin problemas a las 20:53 EDT (17:53 PDT). El paracaídas que debía desplegarse en cuanto aterrizáramos para actuar como freno se retrasó y, poco después de su despliegue, CJ tuvo que aplicar los frenos de pedal para detener el vehículo por completo.

Cuando CJ anunció "ruedas detenidas", nuestra misión STS-128 llegó a su fin. Entonces control desde tierra envió un mensaje: "Felicidades, Discovery, por una misión exitosa, y gracias por acelerar la ciencia".

Habíamos llegado a la Tierra, pero aún pasarían entre 45 minutos y una hora antes de que la escotilla se abriera y uno de nuestros colegas nos soltara los cinturones y nos llevara a la Astrovan. Eran alrededor de las 6:00 pm y estábamos en el desierto de Mojave. La temperatura iba en rápido aumento. Cuando levantaba o giraba la cabeza para mover interruptores, la vista se me nublaba por unos segundos. Era un efecto secundario vertiginoso.

Poco después de que termináramos nuestros procedimientos, un astronauta de apoyo abrió la escotilla y nos dio la bienvenida. Primero ayudó a salir a la tripulación de la cubierta media: Danny, Christer y Tim. Una vez que ellos entraron a la Astrovan, el equipo de apoyo regresó por la tripulación de la cubierta de vuelo. Yo fui el primero en salir, luego Pat, Kevin y, por último, CJ. Una vez que todos estuvimos en la Astrovan, nuestro comandante chocó palmas con cada uno de nosotros y nos felicitó por un trabajo bien hecho. Dijo que estaba orgulloso de todos, y que sería un honor si alguna vez volvíamos a volar juntos.

Los técnicos de trajes comenzaron a quitarnos los trajes naranjas de vuelo. Para retirarlos, necesitábamos agachar la cabeza y salir por la parte trasera. Tengo los hombros un poco anchos, y no logré salir en el primer intento; me costó tanto trabajo que tuve que volver a meter la cabeza para respirar. Lo intenté por segunda vez, y me costó trabajo, pero por fin logré salir del traje. En ese punto me sentía acalorado, húmedo y mareado, y tuve que pedir una bolsa para vomitar. Me sentí mal unos cinco o diez minutos, pero respirar el aire acondicionado me ayudó. Supuse que tenía el mal de adaptación a la gravedad.

Una vez que bajamos de la Astrovan para saludar a la gente y subir a otra van que nos llevaría a la oficina médica, noté que aún me temblaban las piernas y me sentía desequilibrado. Tuve que pararme como vaquero para contrarrestar la falta de equilibrio. En la oficina médica pasamos alrededor de una hora dejándonos revisar y donando muestras de sangre y orina. Luego nos dejaron ir y nos enviaron a nuestro alojamiento en la base. Nos informaron que al día siguiente volaríamos de regreso al Campo Ellington, donde nos reuniríamos con nuestras familias. Comenzaba la noche, y CJ sugirió que fuéramos todos a cenar con el equipo de apoyo a Domingo's, un restaurante mexicano ubicado en el cercano pueblo de Boron, California. Se sintió bien comer comida normal y beber una cerveza fría.

Volviendo a casa

Al día siguiente, después de despertar, aún sentía los efectos de haber pasado catorce días en el espacio. El paisaje parecía girar frente a mí cuando volteaba la cabeza con rapidez, y mi equilibrio aún no estaba al 100 %. Nuestro vuelo a casa pareció corto en comparación con el vuelo que acabábamos de terminar. Llegamos al Campo Ellington esa tarde, y entramos al hangar de los T-38, donde estaba dispuesto un escenario y sillas para unas 250 personas. La mayoría eran empleados, representantes de los medios y familiares, junto con algunos cazadores de autógrafos.

Estaba muy emocionado por ver al fin a mi esposa, mis hijos y mis padres. Inmediatamente después de bajar del avión, nos recibieron nuestras familias. Los niños corrieron a abrazar y besar a sus padres. Mi esposa Adelita y mis padres llegaron tras mis hijos. La reunión fue breve, porque todos esperaban que fuéramos de inmediato al escenario para el tradicional mitin de bienvenida. Durante el evento, el director del centro nos felicitó, y después algunos políticos locales dieron sus declaraciones. A continuación, CJ tomó el micrófono y dio un resumen de nuestra misión; felicitó a cada miembro de la tripulación, a los operativos en tierra del

Centro Espacial Kennedy y a los operativos de la misión en el Centro Espacial Johnson, en Houston. Cada miembro de la tripulación tuvo cinco minutos al micrófono para describir su experiencia individual.

Pasamos los siguientes días dando informes y preparando el video que se usaría para resumir nuestro vuelo en una próxima presentación en el centro Espacial de Houston, frente a nuestras familias y la comunidad houstoniana. Costó un poco de trabajo acostumbrarme a esas primeras tardes de vuelta en casa. A veces me sorprendía a mí mismo saliendo a mirar el firmamento, y pensando que apenas unos días antes había estado allá arriba, orbitando nuestro planeta cada noventa minutos. También recordé lo que me había llevado ahí, y pensé en lo importante que había sido que mi madre siempre estuviera pendiente de nuestros estudios y nos diera el importante ambiente hogareño que nos permitió prosperar en la escuela. También pensé en mi padre, que sólo había llegado al tercer año de primaria, pero que tuvo la sabiduría para alentarme a seguir mi sueño y, además, darme la receta que aún hoy utilizo:

1. Define lo que quieres hacer en la vida.
2. Reconoce cuánto te falta para lograr tu meta.
3. Traza un mapa para llegar a la meta.
4. Prepárate con una buena educación.
5. Desarrolla una buena ética de trabajo y siempre da más de lo que se espera de ti.
6. Perseverancia: ¡Nunca te rindas!

Más tarde agradecí a Pops, no sólo por darme la licencia para soñar en grande, sino también por darme, con su receta, las herramientas para convertir ese sueño en una realidad. Estoy seguro de que todo habría sido muy distinto si me hubiera pedido que no apuntara tan alto, por miedo a fracasar y desilusionarme. Por otro lado, no puedo evitar preguntarme cómo habría sido nuestra vida si la señorita Young no se hubiera tomado el tiempo de visitar a mis padres y convencerlos de quedarse en un lugar para que nuestra educación pudiera encaminarse.

Siempre que hablo en eventos en los que sé que habrá maestros entre el público, procuro contar la historia de la señorita Young. La moraleja de la historia es que cualquier cosa que haga un maestro, aunque a él o ella le parezca insignificante, puede cambiar el rumbo de la vida de un estudiante, e incluso la de toda su familia. El impacto de la señorita Young fue tal que, cuando me enteré de mi asignación de vuelo, la añadí a ella y a su esposo a mi lista de invitados al lanzamiento. Estoy feliz de decir que aceptó la invitación y estaba de pie junto a mis padres cuando despegué hacia el espacio. Añadí a la receta de Pops el sexto ingrediente, la perseverancia, porque la NASA me rechazó no una, dos, tres ni cuatro veces, ¡sino once! No fue sino hasta el intento número doce, en 2004, que la NASA me aceptó por fin como parte de su decimonovena generación de astronautas.

Estos fracasos me enseñaron que una meta se alcanza en tres etapas. La primera es muy obvia, tan obvia que me parece que es cuestión de intuición humana. Si uno tiene una meta, lo primero que debe preguntarse es: ¿Cómo llego ahí? En otras palabras, ¿cuáles son los requisitos mínimos? Por ejemplo, si quieres ser doctor, sabes que tal vez debes hacer pre-medicina en la universidad, luego definitivamente ir a la escuela de medicina y pasar tus pruebas antes de convertirte en médico practicante. Si quieres ser abogado, es pre-leyes en la universidad, la escuela de derecho y pasar el examen de abogacía. Si quieres ser astronauta, se recomienda que estudies algo relacionado con el campo STEM (ciencia, tecnología, ingeniería y matemáticas), estudies un posgrado y, como es un campo tan competitivo, incluso un doctorado antes de enviar tu primera solicitud a la NASA. Como esta etapa era tan obvia, ya la seguía religiosamente.

Recuerdo que unos seis meses después de enviar mi primera solicitud, recibí una carta de rechazo que reconocía que yo cumplía los requisitos mínimos. El problema era que otras 14 mil personas también los cumplían. La carta concluía con un agradecimiento y una exhortación a volver a intentarlo. Ni siquiera se dirigía a mí por mi nombre, sino como "querido solicitante". Sin embargo, me sentí orgulloso de esa primera carta. Tenía el logo de la NASA y reconocía mi solicitud, lo cual me parecía un buen primer paso. Conforme pasaron los años y se apilaron las cartas de rechazo, mis sentimientos pasaron de la alegría a la decepción. A nadie le gusta el rechazo, y oír "gracias pero no, gracias" cinco veces consecutivas provoca hastío. Recuerdo la lúgubre sensación de que nunca iban a elegirme.

Tan fuerte era ese sentimiento que, a diferencia de mi primera carta de rechazo, la última la arrugué y la tiré al piso de la habitación, convencido de que era hora de renunciar al sueño ridículo de ser astronauta. Cinco años de intentarlo sin ningún progreso casi bastaron para convencerme de que no era para mí.

Por fortuna para mí, ese día Adelita limpió la habitación y encontró la carta arrugada. La extendió con cuidado y la leyó.

Luego me buscó y me preguntó:

—¿Qué es esto?

Vi una oportunidad de provocar su lástima.

—Supongo que la NASA no me quiere. He decidido dejar de soñar con convertirme en astronauta.

Esperaba que ella sintiera lástima y tratara de hacerme sentir mejor. En vez de eso, Adelita me miró y me preguntó:

—¿Así que vas a renunciar a tu sueño?

—Bueno, han pasado cinco años y lo único que tengo es una carta de rechazo tras otra.

—Mira, José, no veo que esta carta diga que la NASA quiere que dejes de intentar. Sólo dicen que no te eligieron en este ciclo de selección. De hecho, la carta termina con: "Por favor siéntase libre de volver a solicitar". Mira, José, te conozco. También sé que si te rindes, siempre tendrás el gusanillo de la curiosidad en tu interior, preguntando: "¿Y si hubieras intentado una séptima, octava o novena vez?" Esa duda te comerá por dentro y te convertirás en un viejo amargado . . . ¿Y qué crees? No quiero estar casada con un viejo amargado. Así que te sugiero que reconsideres tu decisión.

Lo pensé un rato y llegué a la conclusión de que Adelita tenía razón. Necesitaba volver a intentarlo. Sin embargo, esta vez decidí hacer algo distinto. Entonces fue cuando me quedó clara la segunda etapa de alcanzar una meta: mirar a la gente que ya está ahí y preguntarte: "¿Qué atributos tienen que yo no tenga?" Sé honesto contigo mismo al responder esta pregunta. La primera vez que lo hice y me comparé con la nueva generación de astronautas, comprendí al fin: nuestros antecedentes académicos y experiencia laboral eran similares, pero en el fondo había algunas diferencias fundamentales. Todos los astronautas recién seleccionados eran pilotos con licencia, y yo no. Así pues, comencé a tomar clases de vuelo en un pequeño aeropuerto de Tracy, California. Seis meses después, ya volaba solo. También descubrí que todos los astronautas recién seleccionados eran buzos certificados, así que me uní al club de buceo del Laboratorio Nacional y obtuve certificaciones de buceo básico, avanzado, de rescate y maestro. ¡Quería convencer a la NASA de que sabía bucear!

La tercera etapa para alcanzar tu meta es ser estratégico y hacer cosas que te distingan de la competencia. En 1998, cuando trabajaba en el Laboratorio Nacional Lawrence Livermore, surgió una oportunidad de este tipo, y la tomé: trabajar en el Programa de Acuerdos de Compra de Uranio Altamente Enriquecido. Honestamente, no creo que muchas personas quisieran ese trabajo, pues requería muchos viajes, a veces de semanas de duración, a los sitios de procesamiento de materiales nucleares en Siberia. Decidí tomar el trabajo, no porque estuviera ansioso de conocer Siberia, sino porque me enteré de que Estados Unidos y la recién formada Federación rusa, junto con otros trece países, acababan de firmar un acuerdo para construir una estación espacial internacional. Vi esto como una oportunidad de obtener experiencia que pocas personas podían tener en ese tiempo. Me permitió aprender a trabajar con los rusos, conocer su cultura y, con la bendición de mi jefe en el laboratorio, tomar clases de lengua rusa para ayudarme a hacer mi trabajo con eficacia. Tan importante fue esta experiencia que acepté pasar una temporada de dos años en el Departamento de Energía en Washington, DC, apoyando otra actividad centrada en Rusia: el Programa de Protección, Control y Responsabilidad de Materiales. Me aseguré de recalcar estas experiencias en mis solicitudes a la NASA.

Me tomó doce años encontrar las tres etapas de alcanzar una meta:

1. Conoce los requisitos.
2. Adquiere los atributos de las personas exitosas que deseas emular.
3. Distínguete de la competencia.

Estoy totalmente convencido de que estas tres etapas, junto con la receta para el éxito de Pops, constituyen la fórmula ganadora para alcanzar cualquier meta en la vida. Espero que esta fórmula le ahorre años de agonía para alcanzar sus metas a las personas que lean este libro. Nunca se es demasiado viejo para soñar, y mucho menos para cumplir sus sueños. La misión de catorce días en el espacio cambio mí visión de vida en dos formas. La primera fue con nuestro medio ambiente. Una vez que estuve en el espacio, tuve muchas oportunidades de observar amaneceres y puestas del sol en nuestras 219 revoluciones alrededor de la Tierra. Recuerdo un amanecer en particular, cuando volvíamos del lado oscuro del planeta. Mientras veía cómo el sol salía sobre el horizonte, puede ver claramente el espesor de nuestra atmósfera. Lo que vi en esos pocos segundos me sorprendió mucho, porque la atmósfera se veía escalofriantemente delgada. Pensar que eso era lo único que nos mantenía con vida me convirtió al instante en un ambientalista. Supongo que siempre me preocupé por el medio ambiente, pero ver el planeta desde esa perspectiva me hizo darme cuenta de lo frágil que es nuestro mundo, y de que debemos ser buenos guardianes de la naturaleza.

Nuestra meta debe ser dejar el planeta Tierra en condiciones iguales o mejores que cuando llegamos, para así asegurar que nuestros hijos, y los hijos de nuestros hijos, disfruten la misma calidad de vida que nosotros. Ese día me prometí que, siempre que tuviera un público, hablaría de esa experiencia en particular, con la esperanza de crear conciencia sobre lo delicado de nuestro medio ambiente.

El segundo acontecimiento que cambió mi visión de la vida ocurrió durante mi primer día en el espacio. Cuando apagamos el motor principal después de 8 minutos y 30 segundos de vuelo con motor, estuvimos oficialmente en el espacio y comenzamos a orbitar la Tierra. Como los tres miembros de la cubierta media no tenían responsabilidades de vuelo durante el ascenso, comenzaron a liberarse y reconfigurar la cubierta media, lo cual implicaba plegar y guardar nuestros asientos, activar la cocina y el baño e incluso abrir las puertas de la bodega de carga.

Permanecí en mi asiento, asistiendo a los pilotos y una hora después, fue mi turno de liberarme, ir flotando a la cubierta media y cambiarme. Con torpeza, me abrí paso hasta la ventanilla, haciendo mi mejor imitación de Superman, para poder ver la Tierra desde una nueva perspectiva, una que pocos individuos tienen la oportunidad de ver: sólo unos quinientos entre los más de mil millones de habitantes de la Tierra. Estaba decidido a que ese primer vistazo fuera memorable.

Mientras flotaba hacia la ventana, me pregunté qué vería, y de inmediato tuve un recuerdo de la clase de quinto año de la señorita Cotton, donde aprendíamos geografía del mundo. La señorita Cotton hacía girar un globo terráqueo y lo detenía en un país en particular, y todos teníamos que escribir el nombre del país y su capital. Obviamente, cuando llegué a la ventanilla no esperaba ver los países sobre los que volábamos en diferentes colores, como en el globo terráqueo de la señorita Cotton, pero esperaba poder diferenciarlos con bastante facilidad. Mientras comenzábamos a volar sobre América del Norte y Centroamérica, tuve una vista increíble con mucha agua, nubes y masas terrestres. Quedé sin aliento, maravillado ante el hermoso lugar que los humanos llamamos hogar. Pude reconocer Canadá, los Estados Unidos y México, pero lo que más me impactó fue no poder reconocer dónde terminaba Canadá y empezaba Estados Unidos. Tampoco pude distinguir dónde terminaba Estados Unidos y comenzaba México, y lo mismo a lo largo de Centroamérica.

Me dije a mí mismo: "Guau, tuve que salir de nuestro hermoso planeta para darme cuenta de que allá abajo todos somos uno mismo". Desde mi perspectiva, no había fronteras. Eso me hizo darme cuenta de que los humanos creamos fronteras para separarnos entre nosotros. "Qué triste", pensé. Ahora, de regreso en la Tierra, no dejo de decirle a la gente que quisiera que hubiera alguna manera de llevar a nuestros líderes al espacio, para que pudieran tener ese mismo momento de revelación. Podría apostar a que, tras su regreso, nuestro mundo sería un lugar mucho más pacífico. Tal vez sea demasiado optimista, pero el espacio es realmente un lugar extraordinario. Cambia las perspectivas sobre la vida y sobre nuestro planeta, para aquellos que han sido bendecidos con la oportunidad de visitarlo.

Epílogo

La paternidad es una de las labores más desafiantes y felices, un trabajo que nunca termina y para el cual casi no existe receta. Después de haber tenido la oportunidad de pasar unas cuantas tardes con el padre de José, no me sorprende que José haya terminado por explorar la última frontera. Convertirse en astronauta no es tarea fácil, pero los consejos prácticos y realizables que su padre le dio han superado la prueba del tiempo, y pueden aplicarse en todos los ámbitos, a las aspiraciones profesionales que cualquier niño o niña pueda tener.

La clave es la educación, pero se necesita más que eso. Como padre o madre, necesitas preparar a tus hijos, y eso es más que sólo educación. Al seguir el viaje de José, notarás que la perseverancia —la capacidad de volver con más fuerza después de los contratiempos— es un ingrediente clave de su receta para el éxito. Si eres un niño o niña con metas elevadas, necesitas perfeccionar varias habilidades para seguir la receta. José tuvo que trabajar en todas estas habilidades mientras seguía la receta de su padre para convertirse en astronauta. A estas habilidades las denomino aptitud física, aptitud emocional y aptitud intelectual. La aptitud emocional aseguró que José jamás se desanimara ni se desilusionara, y que contara con el apoyo total de su familia: sus padres en su juventud, y en su edad adulta, su muy comprensiva esposa Adelita y sus hijos Julio, Karina, Vanessa, Yesenia y Antonio. La aptitud intelectual es la educación: conocer tu trabajo, conocerlo bien y ser bueno en lo que hagas. José llegó a donde está hoy porque sobresalía en todos sus trabajos, y todas las tareas que se le asignaban las hacía con excelencia. Aprendió en la escuela, de sus maestros, sus mentores, sus colegas e incluso de quienes trabajaban para él. La aptitud intelectual significa que nunca dejas de aprender. Finalmente, la aptitud física: no puedes tener la resistencia necesaria para hacer cosas que valgan la pena, si no estás en forma. Come saludablemente, no te drogues y cuídate. José es un ávido corredor, y es rápido.

Al leer este fascinante libro, notarás que José siguió la receta de Pops en los ámbitos intelectual, emocional y físico. Tú también puedes hacerlo para explorar tu propia ruta.

Mi familia y yo nos sentimos agradecidos por poder llamar amigos a José, Adelita y sus cinco hijos, y bendecidos por haber recibido la receta directamente de Pops.

José, felicidades por una vida increíble, un viaje maravilloso, y gracias por compartir tu receta.

Dr. Gurpartap Sandhoo
Capitán de la Marina de los Estados Unidos
Superintendente del Departamento de Ingeniería de
Vehículos Espaciales,
Laboratorio de Investigación Naval de los Estados Unidos

Glosario

Acelerar la Ciencia. El nombre de nuestra misión.

Actividades extravehiculares. Cualquier actividad realizada por un astronauta fuera de la nave espacial más allá de la atmósfera terrestre. También se les denomina caminatas espaciales.

Adaptador de acoplamiento presurizado. Era el mecanismo que conectaba el puerto de la Estación Espacial Internacional con el puerto de acoplamiento del transbordador espacial.

Alforja. Contiene el manual de vuelo del transbordador espacial, el plan de vuelo y otros documentos importantes para el ingeniero de vuelo.

Anillo del sistema de acoplamiento del orbitador. Era el mecanismo de acoplamiento del transbordador espacial Discovery. Lo conectaba con la Estación Espacial Internacional.

Anomalía. Algo que es distinto de lo normal o esperado.

Antena Ku-Band. Proporciona comunicaciones de alta calidad y señal de televisión a la Estación Espacial Internacional.

Área de apoyo. Un área a una distancia segura de tres millas desde la plataforma de lanzamiento, desde donde el equipo de cierre y otro personal de la NASA observan la cuenta regresiva y el lanzamiento del transbordador espacial.

Arrastre. Resistencia al movimiento en el aire. Como la fricción que se genera cuando te arrastras sobre una alfombra (que incluso puede ocasionar quemaduras), existe una fricción similar que se genera cuando una nave aérea o espacial se mueve por el aire; si el vehículo tiene una superficie lisa, como el acero, el arrastre será menor. Si tiene una forma que permita que el aire se desplace fácilmente a su alrededor, el arrastre también se reducirá. Piensa en la mayor velocidad con que una pelota de béisbol o un avión de papel se desplaza por el aire en comparación con una bolsa de papel, que atrapa el aire en vez de desplazarlo.

Astronauta. Una persona entrenada para viajar y trabajar en el espacio y forma parte de la tripulación de una nave espacial.

Astrovan. Una casa móvil Airstream de acero inoxidable, modificada, que transporta a los astronautas del Centro Espacial Kennedy a la plataforma de lanzamiento.

Atracar o acoplarse. Unirse a otro vehículo en el espacio.

Aviónica. Los sistemas eléctricos que se usan en naves aéreas y espaciales. Incluyen sistemas de comunicación, navegación, monitoreo, control automático de vuelo, etc.

Boca. Un tubo corto y estrecho que dirige un flujo o rocío de líquido o gas. Los motores principales del transbordador espacial tienen bocas que arrojan chorros de gas del motor de combustión e impulsan el vuelo de la nave.

Bocas de la campana del motor. Las bocas de los tres motores del transbordador espacial tienen forma de campana. Los motores queman combustible y generan mucho calor y presión, y la forma de la boca permite la máxima propulsión a chorro.

Bodega de carga. El área dentro del transbordador espacial donde se guardaba la carga.

Bolsa de aterrizaje. Contiene el pasaporte del astronauta, su ropa de civil para después del aterrizaje, artículos de aseo personal, etc. En caso de un aterrizaje de emergencia en otro país, el personal de la NASA enviará las bolsas de aterrizaje a los astronautas para que puedan salir legalmente del país y viajar de regreso a los Estados Unidos

Bomba hidráulica. Una fuente que convierte la energía mecánica en energía hidráulica (flujo o presión). Cuando la bomba aplica fuerza en un punto, el fluido transfiere esta fuerza a otro punto del sistema.

Brazo de acceso. Un puente cerrado que permite a la tripulación entrar al transbordador por la escotilla de acceso, como el puente de aire que se usa para abordar un avión. Conecta el transbordador Discovery con la habitación blanca donde el equipo de cierre ayuda a los astronautas a prepararse.

Brazo robótico del transbordador. Era un brazo mecánico diseñado para agarrar, sostener y mover objetos.

Calibrador. Es un instrumento que se usa para medir algo.

Cámara de la línea central. Era una pieza de equipo instalada en la escotilla de acoplamiento del transbordador, y ayudaba al piloto y a los astronautas de la cubierta de vuelo a alinear el vehículo para el acoplamiento.

Canastas deslizantes de egreso de emergencia. El sistema de evacuación de la plataforma de lanzamiento, similar a los botes salvavidas de un barco. Estas canastas están suspendidas de cables, y bajan deslizándose desde la estructura de servicio (una torre de acero de 195 pies que permite el acceso al transbordador), sobre la plataforma donde los astronautas y el equipo de cierre se preparan para el lanzamiento, hasta una distancia segura. Estas canastas se desplazan con rapidez: ¡Hasta 55 millas por hora!

Cargas. Artículos que los astronautas llevan al espacio para ayudar a completar su misión.

Células de combustible. Generan electricidad por medio de una reacción química. En la célula de combustible del Discovery, el oxígeno y el hidrógeno reaccionan y convierten la energía química en electricidad. Se requiere acondicionamiento técnico para mantener el oxígeno y el hidrógeno fríos en la célula.

Centro de Control de Lanzamiento. Es donde se revisa a las naves espaciales por última vez y se les da la autorización para el lanzamiento. El personal de la NASA en este centro de control monitorea y supervisa el lanzamiento.

Centro de Control de Misiones. Después del despegue, el control de la misión se transfiere del Centro Espacial Kennedy en Florida, donde tiene lugar el lanzamiento, al Centro Espacial Johnson en Houston. El Centro de Control de Misiones es donde el personal de la NASA monitorea cada aspecto del vuelo del transbordador, además de enviar órdenes remotas al transbordador para asegurar que la misión proceda sin problemas.

Centro de Vuelo Espacial Marshall. Ubicado en Huntsville, Alabama, es el corazón del desarrollo y puesta a prueba de motores.

Centro Espacial Johnson. Es donde los astronautas entrenan para el vuelo espacial. Esto significa que cualquier persona seleccionada como candidato a astronauta necesita mudarse a la zona de Clear Lake City, un suburbio de Houston, para comenzar el programa de entrenamiento de dos años antes de ser elegible para una asignación de vuelo. Es también donde está ubicado el Control de Misiones. Quizá hayas oído la frase "Houston, tenemos un problema".

Centro Espacial Kennedy. Ubicado en Titusville, Florida, cerca de Orlando. Se especializa en preparar los vehículos espaciales para el lanzamiento, y es donde están ubicadas las plataformas de lanzamiento de la NASA.

Charla. Comunicación electrónica o radial.

Chargers de San Diego. Un equipo de fútbol de San Diego que fue reubicado a Los Ángeles en 2017.

Chorros de pequeño calibre. Un motor de cohete que el piloto de un vehículo espacial utiliza para hacer ajustes finos a la altitud o velocidad de la nave. Es particularmente útil en operaciones de acoplamiento.

Cohete. Un vehículo que se usa para lanzar personas y objetos al espacio.

Cohetes de combustible sólido (SRB). Son enormes motores que dan al transbordador espacial la energía extra necesaria para el despegue. A 28 millas sobre el suelo, estos motores se desprenden del transbordador, caen con paracaídas, son recuperados del océano por un barco y la NASA los rehabilita para el siguiente lanzamiento.

Combustible de hidrógeno líquido criogenizado (súper enfriado). Es el combustible que propele los tres motores principales del transbordador espacial; es el segundo líquido más frío de la Tierra, con una temperatura de –423 grados Fahrenheit (–252 .8 grados centígrados).

Combustores de hidrógeno. Era normal que una parte del combustible de hidrógeno líquido se evaporara (puesto que la temperatura en la que se mantiene líqui-

do es de –423 grados Fahrenheit), pero si había demasiado, el gas inflamable podía causar una explosión al
encenderse el motor. Los combustores estaban diseñados para quemar cualquier exceso de gas que se hubiera evaporado antes del encendido de los motores.

Compartimento estanco. Es una habitación hermética
con dos puertas, que permite a los astronautas salir a
una caminata espacial sin que el aire de la estación
espacial escape.

Complejo de la plataforma de lanzamiento. Es el sitio
del lanzamiento. Incluye la plataforma donde ocurre
el despegue, los Centros de Control de Lanzamiento,
un centro de noticias para los medios e instalaciones
para dar mantenimiento al transbordador espacial.

Conjunto del transbordador espacial. El orbitador
Discovery, junto con la maquinaria necesaria para
lanzarlo al espacio, los cohetes de combustible sólido
y el tanque externo que le dan combustible extra y la
energía necesaria para llegar a las estrellas.

Conjunto de tanque de amoniaco. Es un componente
fundamental del sistema de control térmico de la Estación Espacial Internacional. Desde este tanque se
bombea amoniaco hacia el circuito de enfriamiento
de la estación, que funciona con el mismo principio
que el circuito de enfriamiento del traje LCVG de los
astronautas. Una vez que el amoniaco se calienta, los
radiadores en el exterior de la estación espacial lo
expulsan al espacio.

Cosmonauta. Un astronauta de Rusia. Trabajan en conjunto con los estadunidenses en la Estación Espacial Internacional.

Cuarentena. Cuando el desplazamiento de una persona se restringe para evitar la dispersión de enfermedades contagiosas o infecciones.

Cuartel de la tripulación. El hogar lejos de casa para la tripulación de astronautas asignados a la misión.

Cuarto Blanco. Donde los astronautas hacen los preparativos finales antes de entrar a la nave, como ponerse los cascos y los paracaídas.

Cubierta de vuelo. Es lo que en un avión se conoce como cabina. Es la sección superior del transbordador espacial, donde se sientan el piloto, el comandante y el ingeniero de vuelo mientras vuelan el vehículo.

Cubierta media. La sección de la cabina detrás de la cubierta de vuelo. Es donde se ubican la cocina, el baño y el área para dormir, además del compartimento estanco.

Decisión de seguir o no seguir. Los controladores que, desde el Centro de Control del Lanzamiento, monitorean el equipo del transbordador y las condiciones de vuelo, toman una decisión sobre las condiciones de la nave y del clima. Esto se conoce como "decisión de seguir o no seguir": las condiciones necesarias para el despegue se cumplen o no se cumplen.

Egresar. Salir de un espacio cerrado, como un transbordador espacial.

Egreso de emergencia. Una salida rápida de un vehículo, debida a una situación peligrosa que requiere acción inmediata.

Encuentro. Una maniobra orbital durante la cual dos vehículos espaciales, uno de los cuales es la Estación Espacial Internacional, llegan a la misma órbita y se acercan hasta quedar a muy poca distancia. El encuentro requiere que las velocidades orbitales de ambos vehículos coincidan, lo cual les permitirá permanecer juntos. El encentro puede ir o no ir seguido de procedimientos de acoplamiento que enlazarán a ambos vehículos.

Equipo de cierre. Las personas que aseguran a los astronautas y sellan la escotilla de acceso antes del lanzamiento. Este equipo de siete personas consta de dos técnicos de trajes del Centro Espacial Johnson, en Houston, tres empleados del Centro Kennedy, un inspector de calidad de la NASA, un encargado de apoyo a astronautas y un astronauta activo que no es parte de la tripulación del vuelo.

Escotilla de acceso. El punto de entrada y salida del transbordador espacial. Tiene un sello presurizado para ayudar a mantener la presión del aire dentro del transbordador, de modo que los astronautas puedan respirar cuando se quiten los trajes espaciales.

Espacio. Es la zona más allá de la atmósfera terrestre. Aunque no hay aire para respirar, no es verdad que el espacio esté vacío: contiene polvo, gases y trozos de materia que flotan, así como estrellas y planetas.

Estación Espacial Internacional. Es un satélite que orbita la Tierra. Muchas naciones del mundo cooperan en su construcción y su operación como laboratorio. Está formada por quince módulos, que incluyen espacios de vivienda, laboratorios, bodegas de carga y puertos. Astronautas y cosmonautas viven y trabajan ahí desde el año 2000.

Forros de asiento del Soyuz. Están hechos a la medida del cuerpo de un astronauta en particular. Las naves espaciales Soyuz son los únicos vehículos acoplados permanentemente a la Estación Espacial Internacional, y todos los miembros de la estación tienen un forro de asiento por si es necesaria una evacuación.

Fuerza. Un empuje o un tirón.

Gorro de lana. El término técnico para este "gorro" era brazo de escape de oxígeno gaseoso. Cubría la parte superior del tanque externo que suministraba combustible al transbordador espacial. El combustible en el tanque era oxígeno e hidrógeno súper-enfriado. El "gorro" evitaba que el gas que se evaporaba formara hielo sobre el tanque externo, pues el hielo podría romperse y dañar el transbordador.

Gravedad. La fuerza por la que un planeta u otro cuerpo atrae objetos hacia su centro.

Impulso. Un empuje hacia adelante o hacia arriba.

Ingeniero de vuelo. El miembro de la tripulación que monitorea los sistemas computarizados y mecánicos del vehículo espacial, entre los cuales se incluyen los sistemas de navegación, de combustible, de comunicaciones, etc.

Intercambiador de calor portátil. El traje LCVG bombea agua a lo largo de 300 pies de tubos para mantener frescos a los astronautas, y esta agua se calienta en el proceso. Mientras el astronauta permanece dentro del transbordador para el despegue o el aterrizaje, el traje se acopla al sistema de soporte vital del vehículo, y el agua se enfría por refrigeración. En la Astrovan y durante las caminatas espaciales, el agua se enfría en un intercambiador de calor portátil.

Kit de preferencias personales. Contiene los objetos personales no esenciales que los astronautas tienen permitido llevar a bordo del transportador. Es una bolsa pequeña.

Laboratorio. Una habitación o edificio donde se realiza trabajo científico.

Laboratorio de Propulsión a Chorro. Ubicado en Pasadena, California, se especializa en el desarrollo y operación de exploradores no tripulados (vehículos robóticos como los que han aterrizado en Marte).

Lanzamiento. Enviar a alguien a un viaje, por ejemplo, cuando los motores de un cohete se encienden para enviarlo de la Tierra al espacio.

Líneas de alimentación. Los conductos que transportan los propelentes (hidrógeno y oxígeno líquidos súper-enfriados) desde el tanque externo hacia los motores principales.

Lista de ascenso. Una lista de todas las tareas que el astronauta debe realizar durante el ascenso del transbordador al espacio.

Lista de procedimientos de ascenso. La lista de tareas que cada miembro de la tripulación de la cubierta de vuelo debe realizar antes del despegue del transbordador y durante el ascenso.

Máxima presión dinámica o **Max Q.** La máxima presión que un objeto puede soportar antes de romperse.

Memoria muscular. La capacidad de realizar una acción sin tener que pensarla, como atrapar una pelota, tocar el piano o hacer una vuelta de carro. La memoria muscular sólo se crea con *mucha* repetición. La práctica permite que los músculos se acostumbren a movimientos específicos, hasta que puedan realizarlos sin un esfuerzo consciente.

Microgravedad. Es la condición de ingravidez, o la casi ausencia de gravedad.

Misión. Un trabajo especial asignado a una persona o grupo de personas.

Módulo. Una unidad autocontenida de una nave espacial. La Estación Espacial Internacional está formada por módulos interconectados.

Módulo de Logística Multiusos (MPLM). Era un gran contenedor presurizado que se utilizaba en misiones del transbordador espacial para transferir carga hacia la Estación Espacial Internacional y de regreso. Se descargaban suministros y se cargaban experimentos y desechos. El MPLM se guardaba de nuevo en la bodega de carga del Discovery para su regreso a la Tierra.

Motores principales del transbordador espacial. Tres motores que impulsan al transbordador espacial y, junto con los cohetes de combustible sólido, proporcionan la energía para el despegue y ascenso del vehículo.

Nariz. La punta frontal del transbordador Discovery, hecha de carbono reforzado, un material capaz de soportar temperaturas de –3,000 grados Fahrenheit. La nariz tiene forma de cono para minimizar el efecto del arrastre sobre la nave.

NASA. Administración Nacional de Aeronáutica y Espacio.

Órbita. El camino seguido por una luna, planeta o satélite artificial que viaja alrededor de otro cuerpo (como la Tierra) en el espacio.

Orbitador. Era la parte del transbordador espacial que tenía aspecto de avión. Volaba al espacio y de regreso, transportando personas y equipo.

Oxidante. Un tipo de químico necesario para que un combustible arda. En la Tierra hay oxígeno en el aire, que permite que el fuego arda, pero en el espacio hay muy poco, por lo que el transbordador llevaba oxígeno líquido junto con el combustible de hidrógeno líquido.

Oxígeno líquido súper enfriado. Se combina con el combustible de hidrógeno líquido súper enfriado para hacerlo arder; todo combustible requiere un oxidante para su combustión. En la Tierra, el aire contiene suficiente oxígeno para que un tronco arda en una hoguera, pero el transbordador espacial alcanza velocidades de 17 mil millas por hora, y para lograrlo quema decenas de miles de galones de combustible, que requieren una enorme cantidad de oxígeno.

Paracaídas de arrastre. Ayuda a detener el transbordador espacial después del aterrizaje, aumentando el arrastre.

Pausa de "L menos 20 minutos". La pausa durante la cual el reloj de la cuenta regresiva se detiene antes del despegue (*L-liftoff*), para que los controladores de la NASA y los astronautas puedan hacer los últimos informes y permitir a los encargados de la dirección completar las operaciones de alineación pre-vuelo que mantendrán a la nave en la trayectoria deseada a lo largo de la misión. También se hace la pausa programada para tomar una decisión de seguir o no seguir y hacer los preparativos finales del lanzamiento.

Percepción remota. Estudiar un objeto sin entrar en contacto directo con él.

Plataforma de lanzamiento. Es la estructura sobre la que reposa el conjunto del transbordador. Incluye la estructura de servicio, hecha de acero especial, que dio apoyo al Discovery y permitió que la tripulación accediera a la nave en preparación para el lanzamiento. La plataforma propiamente dicha está hecha de un material especial que es resistente al fuego. Los motores principales y cohetes auxiliares del transbordador son motores de combustión: queman combustible, y los chorros de fuego impulsan la nave hacia el espacio. La plataforma de lanzamiento y la estructura de servicio están construidos para soportar estas llamas.

Posición vertical de lanzamiento. La posición desde la cual se lanza el transbordador espacial.

Prenda de Enfriamiento Líquido y Ventilación (LCVG). Es un traje de spandex diseñado para usarse como ropa interior, pero en vez de mantener el calor, contiene 300 pies de tubos que hacen circular agua fría para evitar que el astronauta se sobrecaliente. El traje tiene, además, conductos que alejan el sudor del cuerpo; ese mismo sudor se recicla en el sistema de enfriamiento líquido.

Propulsión. La fuerza que impele un objeto hacia adelante.

Propulsor a chorro. Genera impulso lanzando un chorro de aire en dirección opuesta al vehículo.

Prueba de perfil de aerosuperficie. Es el momento en que los flaps de las alas y el timón se posicionan para el lanzamiento.

Prueba de revisión de fugas de presión. Una prueba que sirve para asegurar que el transbordador sea hermético. Incluso el agujero más diminuto puede provocar que el transbordador pierda presión y a los astronautas se les dificulte respirar.

Pruebas del cardán del motor principal. Los motores principales estaban conectados al transbordador por medio de un dispositivo llamado cardán, el cual permitía que cada motor se moviera para dar dirección a la nave, del mismo modo que las velas se posicionan para dar dirección a un barco.

Puerto de acoplamiento. La zona donde un vehículo espacial se une a otro.

Reloj de la cuenta regresiva. En el Centro Espacial Kennedy en Titusville, Florida, en el espacio para espectadores, hay un reloj digital gigante que muestra las horas, minutos, segundos y milisegundos faltantes para el despegue.

Revisión de comunicaciones. Pruebas que se realizan para determinar la capacidad del transbordador de enviar y recibir mensajes.

Rotación, inclinación y bandazo. Éstas son las palabras que describen la posición de una nave en vuelo y permiten dirigirla. Él bandazo es el movimiento de la nave hacia arriba o hacia abajo, y se percibe por la inclinación de su nariz. La inclinación describe el movimiento de la nave de lado a lado, y se percibe por la posición de sus alas. Una maniobra de rotación es cuando la nave se da la vuelta. Algunas maniobras requieren una combinación de ajustes a la inclinación, al bandazo o incluso a la rotación; por ejemplo, la maniobra de "cubeta de impulso" que se realiza en Max Q.

Satélite. Un cuerpo natural u objeto artificial que orbita un planeta u otro objeto.

Sensor de la válvula de combustible. Los motores del transbordador espacial, como los de un auto, son motores de combustión: el combustible entra a la cámara de combustión (donde se enciende e impulsa el vuelo de la nave) a través de una válvula. Esta válvula y su sensor son de gran importancia, porque la velocidad del transbordador viene determinada por la rapidez con la que el combustible entra al motor (es por esto que, para aumentar la velocidad de tu auto, pisas el acelerador).

Sensor del brazo del orbitador. Era un mástil añadido en la punta del brazo robótico de la Estación Espacial Internacional. Una cámara y un láser en su extremo permitían a los astronautas revisar la capa protectora del Discovery en busca de posibles daños causados durante el ascenso.

Simuladores de movimiento. Son máquinas que los astronautas usan para practicar antes de la misión. Crean la sensación de experimentar exactamente el mismo tipo de movimiento que se siente durante el despegue y el vuelo espacial. Los simuladores de movimiento permiten a los astronautas acumular memoria muscular que les permitirá realizar todas sus tareas durante el ascenso y en el espacio. La NASA tiene los simuladores de movimiento más grandes y sofisticados del mundo: el Simulador de Movimiento Vertical está en una torre de diez pisos de altura.

Síndrome de adaptación al espacio. También conocido como mal espacial. Tiene síntomas similares a los del mareo, incluyendo náuseas, vértigo y dolores de cabeza. Así como en un viaje en auto, tu cuerpo sabe que te desplazas mientras permaneces quieto en tu asiento, en el espacio el cuerpo necesita acostumbrarse a la ingravidez.

Sistema de comunicación del transbordador. El sistema que permite al transbordador comunicarse con Control de Lanzamiento y Control de Misiones. Estos sistemas son muy sofisticados (no hay torres de telefonía celular en el espacio), y se desarrollan en el Centro de Investigación Glenn de la NASA, en Maryland.

Sistema de control de reacción (RCS). Los propulsores a chorro podían proveer cierto impulso en cualquier dirección o combinación de direcciones que se deseara. El RCS también podía proveer torsión mecánica para permitir el control de la rotación, inclinación y bandazo. Este sistema empleaba una combinación de impulsores grandes y pequeños para permitir diferentes niveles de respuesta. Los sistemas de control de reacción se utilizaban para el control de altitud durante el reingreso, las maniobras en procedimientos de acoplamiento, "apuntar la nariz" de un vehículo espacial, etc.

Sistema de manipulación remota. Ayudaba al orbitador a sacar su carga de la bodega e introducirla a la Estación Espacial Internacional por medio de un brazo electromecánico.

Sistema de protección térmica. El sistema que se usa para proteger una nave espacial de temperaturas demasiado altas o demasiado bajas.

Sistema de Satélites de Seguimiento y Transmisión de Datos. Una red de satélites de comunicaciones estadounidenses y estaciones terrestres, que la NASA utiliza para las comunicaciones espaciales.

Sistema de soporte vital. Es el equipo que crea un ambiente cómodo, proveyendo oxígeno y controlando la temperatura y presión del aire.

Sistema de Traje de Evacuación Avanzada de la Tripulación (ACES, o el traje de calabaza). Este traje espacial protege al astronauta durante el lanzamiento y aterrizaje del transbordador, en caso de que algo salga mal. Las piezas del traje, incluidos los guantes y el casco, encajan juntas de manera que ninguna parte de la piel del astronauta queda expuesta. El traje es tecnología de punta: proporciona oxígeno para respirar, mantiene la presión del aire y la temperatura corporal, y contiene herramientas para ayudar al astronauta a escapar si es necesario (paracaídas, dispositivo de flotación, radio, navaja suiza, pistola de señales, etc.).

Soyuz. Una nave espacial rusa que lleva personas al espacio.

Sujetadores pirotécnicos. Los pernos que conectaban los SRB al transbordador espacial se llamaban sujetadores pirotécnicos porque contenían una carga explosiva. Esta carga se detonaba y los SRB, los motores más grandes de la historia, se separaban del transbordador.

Tabla de rodilla. Una tabla sujetapapeles en miniatura, diseñada para caber sobre la rodilla. Los astronautas la usan para sus listas de tareas.

Tanque externo. El "tanque de gasolina" del transbordador espacial. Contiene el combustible y el oxidante que emplean los motores principales del vehículo. A 70 millas por encima de la tierra, el tanque se desprende del transbordador y se desintegra mientras cae por el espacio; los pedazos caen al océano.

Transbordador espacial Discovery. Era un vehículo del tamaño de un jet pequeño, diseñado para llevar astronautas y carga a la órbita terrestre.

Unidades de energía auxiliar. Generaban energía para activar una bomba hidráulica que producía presión para el sistema hidráulico del orbitador; estos sistemas ayudaban a posicionar las bocas de los motores principales del transbordador, para que el impulso pudiera dirigirse para propósitos de navegación, como las velas de un barco.

Velocidad de escape. La velocidad necesaria para que un objeto se libre de la atracción gravitacional de un planeta o luna.

Velocidad orbital. La velocidad de un objeto que gira en un campo gravitacional, como la Estación Espacial Internacional o el Discovery. Para que el transbordador pueda acoplarse con la estación, sus velocidades orbitales deben coincidir.

Ventana de lanzamiento. Es el período durante el cual el transbordador espacial debe despegar. Si alguna complicación impide el lanzamiento, éste se pospondrá hasta la siguiente ventana de lanzamiento. El destino del transbordador espacial (la Estación Espacial Internacional) no es un punto en el mapa, sino un blanco móvil que orbita la Tierra. Por esto, los científicos de la NASA, en el Centro Kennedy, calculan la ventana de lanzamiento pensando en la Estación Espacial Internacional y en el momento en que el transbordador podrá alcanzarla en órbita.

Discovery on the launch pad.

Discovery en la plataforma de despegue.

Liftoff of STS-128 Discovery.

Despegue del STS-128 Discovery.

Underwater lunar analog mission on the Aquarius habitat in Florida.

Misión lunar análoga en el habitat Aquarius en Florida.

Flight training on T-38 jets in Ellington Air Field.

Entrenamiento de aviación en los jets T-38 en Ellington Air Field.

With the Mexican flag at the International Space Center. The flag would later be given to former Mexican president, Felipe Calderón.

Con la bandera mexicana en la Estación Espacial Internacional. La bandera después se entregaría al expresidente mexicano Felipe Calderón.

STS-128 crew being greeted at Edwards Air Force Base after its 14-day mission in space.

La tripulación STS-128 recibiendo la bienvenida en la base Edwards Air Force después de la misión espacial de 14 días.

Water survival training at Johnson Space Center.

Entrenamiento para sobrevivir en el agua en el Centro Espacial Johnson.

Doing my best Superman impersonation on the plane also known as the "vomit comet."

Haciendo mi mejor personificación de Superman en el avión conocido como el "cometa vómito".

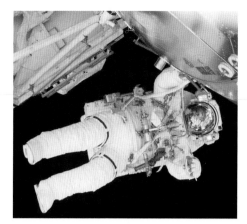

STS-128 member during spacewalk at the International Space Center.

Tripulante de STS-128 durante una caminata especial en la Estación Espacial Internacional.

José with Commander Sturckow emptying equipment from MPLM Leonardo.

José con el comandante Sturckow vaciando equipo del MPLM Leonardo.

NASA's 19th astronaut class visit to Kennedy Space Center.

La generación decimonovena de astronautas de la NASA en su visita al Centro Espacial Kennedy.

View of Earth from the International Space Station.

La vista de la Tierra desde la Estación Espacial Internacional.

Discovery at Edwards Air Force Base.

Discovery en la base naval Edwards Air Force.

"Stepping Up Science" STS-128 mission crew.

Tripulación de la misión STS-128 "Stepping Up Science".

José at Christimas.

José en la Navidad.

With Mamá at my University of the Pacific graduation.

Con Mamá en mi graduación de University of the Pacific.

With Lety and her husband, Gabriel, at my graduation.

Con Lety y su esposo, Gabriel, en mi graduación.

José with Mamá at 11 months.

José con Mamá a los 11 meses.

With my siblings (right to left) Gil, Lety, Chava and me.

Con mis hermanos (de derecha a izquierda) Gil, Lety, Chava y yo.

With Abuelo and brothers after picking tomatoes.

Con Abuelo y hermanos después de cosechar tomates.